美術でよみとく京都の庭園

布施英利

X-Knowledge

目次

iii 思想の庭——哲学を込めた夢窓疎石 95

iv 月の庭であり、宇宙の庭 桂離宮 143

v 悟りの感覚を空間で体現する 龍安寺 171

vi 京都の庭園から現代アートへ

デザイン
三木俊一・西田寧々（文京図案室）

イラスト
川目七生

表紙写真
龍安寺（PIXTA）

裏表紙写真
重森三玲庭園美術館（重森三明）

2〜3頁写真
西芳寺（PIXTA）

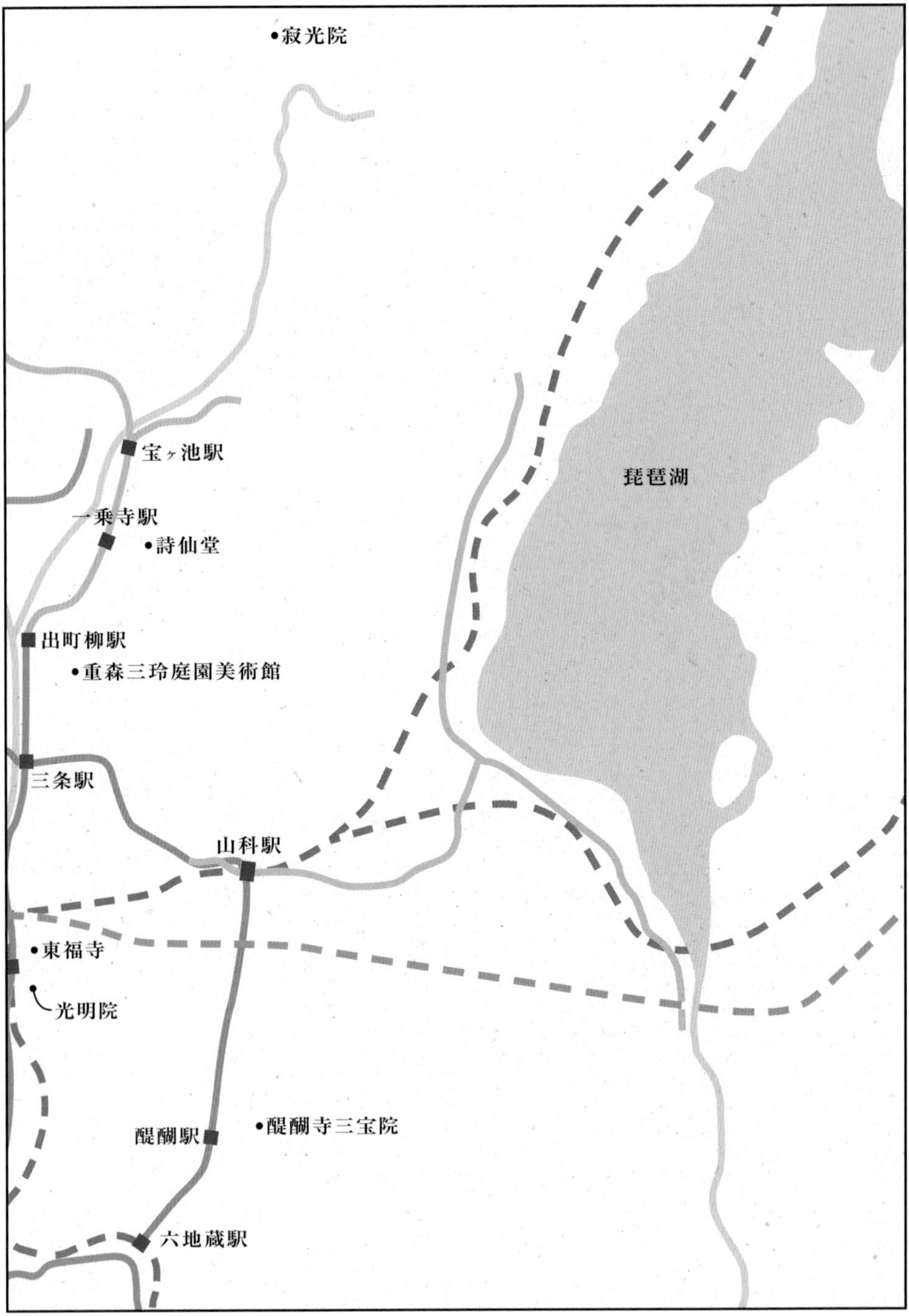
寂光院
宝ヶ池駅
琵琶湖
一乗寺駅
詩仙堂
出町柳駅
重森三玲庭園美術館
三条駅
山科駅
東福寺
光明院
醍醐駅
醍醐寺三宝院
六地蔵駅

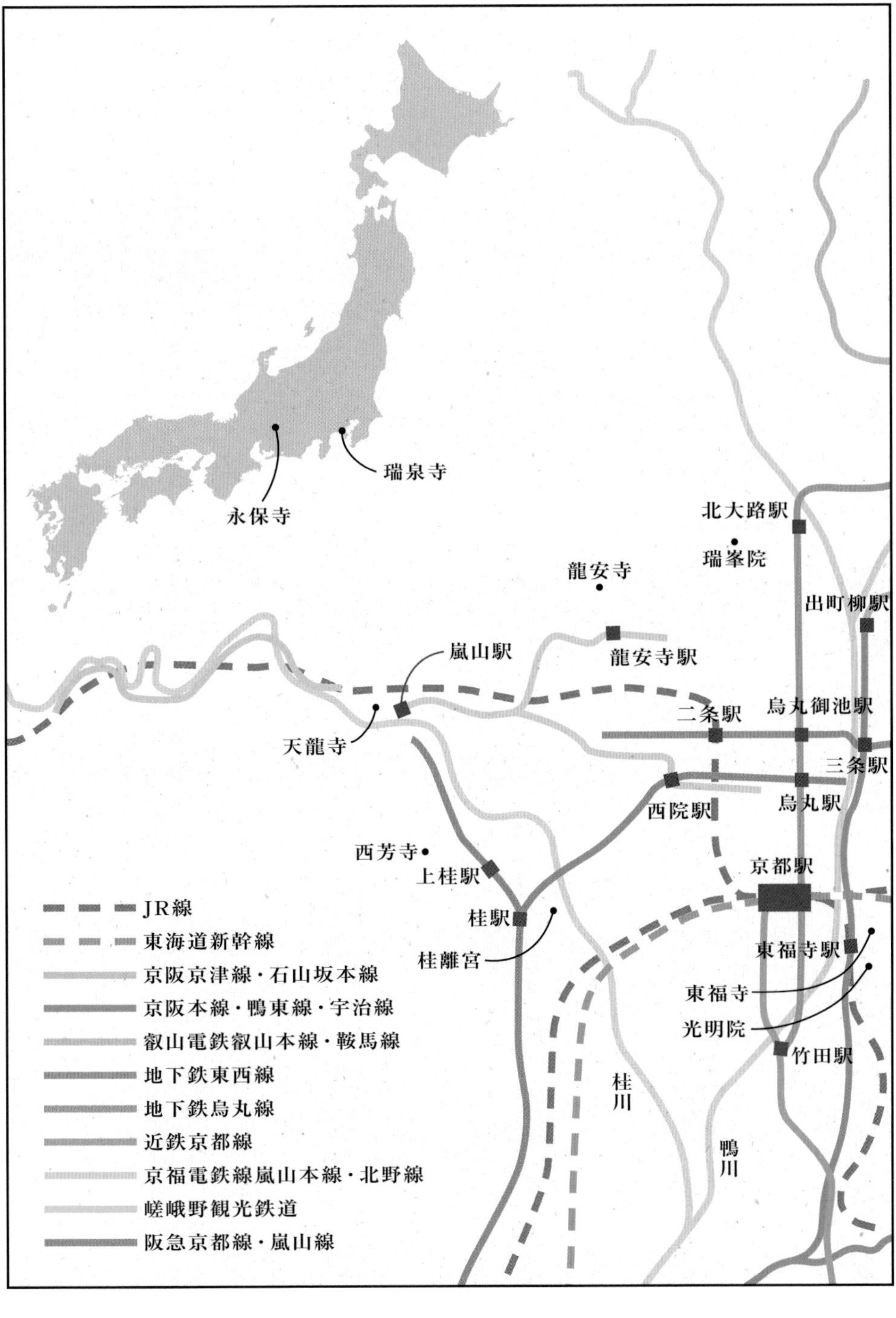
瑞泉寺
永保寺
北大路駅
瑞峯院
龍安寺
出町柳駅
嵐山駅
龍安寺駅
烏丸御池駅
二条駅
天龍寺
三条駅
西院駅
烏丸駅
西芳寺
京都駅
上桂駅
JR線
東海道新幹線
京阪京津線・石山坂本線
京阪本線・鴨東線・宇治線
叡山電鉄叡山本線・鞍馬線
地下鉄東西線
地下鉄烏丸線
近鉄京都線
京福電鉄線嵐山本線・北野線
嵯峨野観光鉄道
阪急京都線・嵐山線
桂駅
桂離宮
東福寺駅
東福寺
光明院
竹田駅
桂川
鴨川

本書に掲載した内容は2024年2月現在のものです。拝観時間などの情報は変更される可能性がありますのであらかじめご確認ください。

庭園（寺院）の許可された時間および範囲以外での見学はご遠慮ください。必ず各庭園（寺院）のルールに従って見学いただきますようお願い申し上げます。

i

京都の庭園を〝耳〟で味わう

1 寂光院

音に満ちた空間と静寂のコントラスト

本堂東側にある
四方正面の池

京都の庭園は〝耳〟で味わうものだ。

ある冬の日、京の北、大原の地にある寂光院《じゃっこういん》の境内に向かう石段を歩きながら、そんなことを考えていた。

庭とは、ふつう目で見て味わうものだ。しかし耳で味わう美というのが京都の庭にはある。

寂光院は音の庭だ。そう気づいたのは、10年ほど前のことだった。京都の庭園には、水が作り出す音や、植木の葉が風にそよぐ音があり、それらが音の空間を作っている。庭園が、一つの大きな楽器みたいに音を出す装置になっているのだ。そう気づいて、京都のいくつかの庭を、耳を澄ましながら巡っていると、寂光院が、京都の庭園の中でも際立って凝った「音の庭園」であることを知った。それから、何度か寂光院を訪れ、オーケストラのような空間を作り出す庭の音を味わってきた。

その冬の日、琵琶湖畔で朝を迎え、「今日は寂光院の音を聴きに行こう」そう思いながら、もう自分の脳内には寂光院の音と、その背後にある静寂と、そんな音の空間が現れた。駐車場に車を停め、寺の入り口で拝観料を払い、石段を上り始めた頃には「さあ、京都の庭だ！」と既に心は、しん、と澄み渡っていた。

しかしその日、石段を上り始めると、妙な音がする。モーター音が、辺りに響き渡っている。木を伐るチェーンソーか、枯葉を吹き集める電動掃除機のブロワか、ともあれ風流とは程遠い騒音としかいえないモーター音が響いている。とくにその日は「音を聴こう」と心が盛り上がっていたので、余計、モーター音に神経が集中してしまった。「せっかく寂光院に来たのに、台無しだ」と苦笑しながら石段を登り終わり、門をくぐった。

見ると、庭職人の人が、手にしたスコップで氷った雪を叩いている。何日か前に降った雪が固まり、それをスコップの先で砕いていたのだ。モーター音の音源は、庭の外からだったが、庭の中でのスコップ作業の音も、なかなかに大きなボリューム音だった。氷った雪を細かくすることで早く溶けて消えるようにというメンテナンスだったのか。そのザクッ、ザクッというスコップ音と、遠くから庭に響き渡るモーター音で、自分が求めていた寂光院の「音の装置」は、跡形もなく消え去っていた。

音の効果は繊細だ。ちょっと別の、予想外の音が響くだけで、美しい楽器としての庭の装置は、その美が消えてしまう。苦笑するしかなかったが、幸いに、それらの音（騒音?）は数分で止んで、本来の寂光院の庭の静けさがやってきた。大きなモーター音の後だったので、余計、その静けさが深く感じられた。静かだ。そしてそこに、音の設《しつらえ》がある。

京都の寂光院の〝音の仕掛け〟はどのようなものか。庭を巡る順に沿って説明していきたい。庭は空間で、空間というのは移動するスペースがある。その空間を、右へ左へと歩きながら、庭の音に耳を澄ましてみる。

石段を上り、門をくぐる。正面に本堂がある。2000年5月、この本堂は放火によって消失し、最近、再建された建物だが、位置は昔と変わっていない。この本堂に向かって、右に曲がる。その先に池がある。

池には鯉が飼われていたが、冬の日だからなのか、鯉は見えない。代わりに、氷った雪の塊が、浮島のように池の水面を回遊している。え、回遊している？　動いている？　池というのは、川と違って流れはない。海のように打ち寄せる波もない。それなのに浮かんだ氷が、池の流れに沿って、回遊している。そうなのだ。池に流れ込んだ水が、池の水に動きを作り出している。

そこで、はたと気づく。池に落ちる放水（といっても細いパイプから落ちる水に過ぎないが）が、水面を叩いて音を立てている。池の奥には、細い小川（鑓水）があって、それが池に流れ込んで、音と水の動きを作り出している。その小川の流れを、源に辿って目をやると、そこには岩と植木の斜面があり、滝の水が落ちている。

その滝が、音を立てている。滝は、三段になっていて、一つの音ではない。三重奏のように、滝の水が生み出した音が、手前の池の空間に音を響かせる。にぎやかなオーケストラのような、いろいろな音の装置が、いろいろな音を響かせ、それらの音に気づいて、耳を澄ませば澄ますほどに、いろいろな音の重なりが聞こえてくる。ここは音の庭なのだ。

この池は、境内の東の端にある。そこに立って水の音を耳にしながら、本堂の方を、さらにその先の西にある庭にも目をやってみる。苔のある地面に、雪見燈籠がある。その周囲をいろいろな植物が囲んでいる。砂利道があって、そこは視界が開けている。その西の方に、鐘楼が見える。

本堂に入り、火災で再制作された仏像を拝見し、縁側に出て、庭をぐるりと見渡す。左側にある池からは、相変わらずにぎやかな音が響き渡っている。他方、正面や（本堂の縁側に立って）右側は、音もない。静かだ。

庭には、池が二つある。いま見た滝の水が、岩や水面を叩き、音を立てている池と、本堂に向かって左にある池だ。そちらの池は、形が「心」の文字を

四方正面の池の端にある三段の小さな滝

象っていて「心字池」と呼ばれる。はじめの音を立てる池は、「四方正面の池」という名がついている。この二つの池が、音ということでみると、見事なコントラストを成している。心字池には、水の動きも、音もない。

ここで寂光院の庭の構造を整理してみよう。まず石段を上がって門をくぐると、正面に本堂がある。庭の池は、本堂の右と左にある。右の池は、滝などの水面を叩く音で満ちている。他方、左の池には動きも音もなく静寂が満ちている。

二つの池は、細い小川のような流れでつながっている。その水辺には、夏には草花が花をつけて咲いている。水が流れているから、水のせせらぎの音は聞こえるが、その音は小さく、かえって静けさを強調するような雰囲気を作り出している。ともあれ、この寺の庭には、音に満ちた空間と、静寂のコントラストがある。

寂光院を訪ねて、庭を歩きながら耳を澄ましていると、見えてくる、聞こえてくる庭の空間は、そういうものだ。しかし、この庭の音は、それだけではない。静かな心字池の横に、鐘があるのだ。

鐘である。しかも大きな鐘だ。

鐘楼にある鐘は、いつもはそこにぶら下がっているだけで、年越しなどの特別な時だけに鳴るのかもしれない。つまり普段は音がない。静かな沈黙の空間にある鐘は、その静けさに加担するように、音もなくぶら下がっている。しかし、この鐘が鳴る様子を想像することはできる。それは大きな音だろう。静かな心字池の横で、どんな響

水の動きも音もない池、心字池と鐘楼

四方正面の池と心字池をつなぐ小川

寂光院庭園

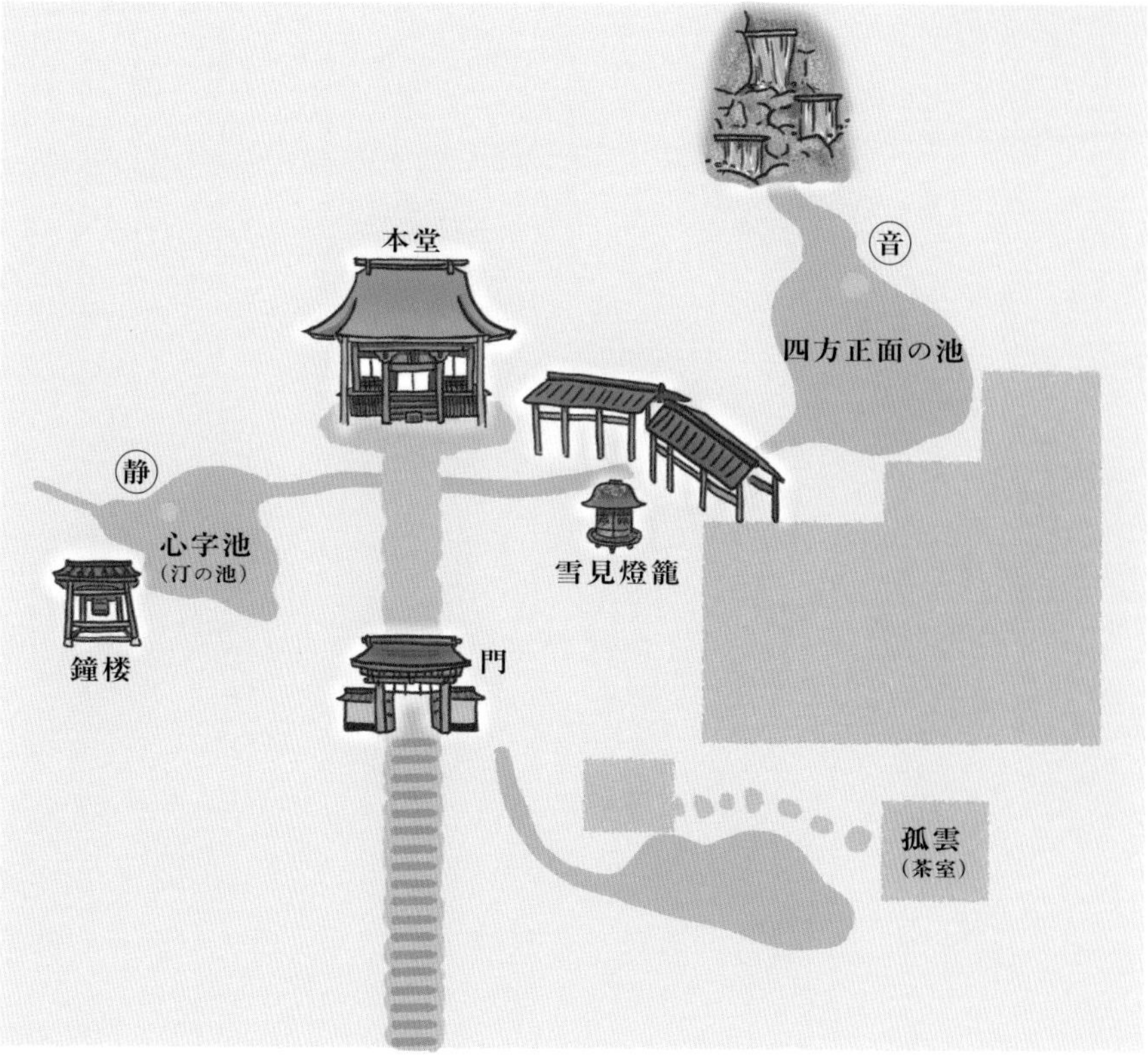

きが生まれるのだろうか。そこは寂光院の庭の中で、いちばんの静寂に包まれた場所だ。そこで、いちばん大きな音で響く鐘の音が鳴る。ほんとうに、この庭は「音」の演出を凝らした庭ではないか。

ぜひ、この庭に足を運んで、その庭の音に耳を澄まして、音が作る空間の美を味わってほしい。

静けさ　刻む　庭の音

information

寂光院

天台宗の寺院で、山号は玉泉寺。594年に聖徳太子が父・用明天皇の菩提を弔うために建立されたと伝えられる。庭園は『平家物語』にも描かれ、建礼門院隠棲のゆかりの地としても知られている。

―

京都市左京区大原草生町676。京都バス「大原」下車後徒歩15分。拝観時間：午前9時～午後5時（通常期）、拝観料：600円（大人）

2

詩仙堂

静寂の中に響く音

書院より。
鹿威しの音が響く

詩仙堂《しせんどう》は、鹿威《ししおど》しの庭だ。

この庭には、鹿威しがあって、その音が庭に響き渡る。ここもまた、音の庭なのだ。鹿威しは、シーソーのような構造をした竹の装置で、竹の片方に水が溜まると水の重みによって下がって、下がると水が流れ出るので軽くなり、反対側が勢いよく下がる。そこに石が置いてあって、竹が石を叩く。その時にコーンという音が響く。

鹿威しという装置自体は、元々は実用で、山の中で鹿とか猪とか、畑を荒らしたり、民家や自分の家に来る動物を追い払うために、コーンという音で驚かして、また山の中に返すというものだ。つまり、音で脅すための実用の装置だったわけだが、それを庭園の中に一つの風流な世界を作り出す装置として転用したものだ。つまり、音の美、あるいはその周辺にコントラストとして浮き彫りになる沈黙の美、そういったものの演出の装置として、日本の庭園で最初に鹿威しが作られたのが、この詩仙堂なのだ。

詩仙堂は、石川丈山《じょうざん》という江戸時代の文人が暮らしていた家で、丈山はここに59歳から90歳で亡くなるまで、30年ほど住んでいた。ロケーション的には、京都の市中から離れた、やや山の中の家ということになる。

江戸時代の家と庭なので、先に取り上げた寂光院《じゃっこういん》との比較でいうと、歴史的な順番としては寂光院の方が前となる。音の庭ということでみると、寂光院は「鐘」の音が静寂を破るという構造だった。その鐘に対して、詩仙堂は鹿威しということになる。寂光院のような金属の大きな鐘は弥生時代の銅鐸《どうたく》の伝統にも連なるもので、寂光院の創建や庭園の整備よりもはるか昔からあった。しかし寂光院の庭のように、まず沈黙の静寂な空間を作って、そこで鐘を響かせるという演出は、わかる限り（とりあえずは）寂光院がパイオニア、とここではいっておきたい。寂光院の庭は、周囲に音があるのだが、その中に沈黙の空白地帯を作って、そこでゴーンと鐘を響かせる。

詩仙堂の石川丈山は、その音の演出法を、もしかしたら寂光院で気づいたのかもしれない。そして丈山は、人が力を振り絞ってつく鐘ではなくて、もっと自動的な、水が流れてそこに溜まることによって繰り返し起こる鹿威しで「音の庭」を作ったのではないか、と一つの推察をしてみることもできる。つまり、鹿威しは、鐘の庭の発展形なのだ。

そんなことを考えながら、その冬の日、寂光院を訪れた後にそのまま詩仙堂に足を運んでみたのだった。

白川通りを南に車で走り、曼殊院道《まんしゅいんみち》と交差する十字路の角にコンビニがある。その曼殊院道を東に道なりに進む。400メートルほど先に詩仙堂はあるのだが、途中、駐車場がいくつかあるが門の近くまで進んで、いちばん近くの駐車場に車を停める。

小さな門をくぐると緩やかな石段がある。左右が竹林になっている。石畳の道が、気持ちが良いほどにまっすぐに伸びている。突き当たりを左に曲がる。石段を登って、すぐに、また右に曲がる。また、小さな門がある。老梅関の門だ。この門が面白い。顔に見えるのだ。屋根が髪に、その奥にある二つ並んだ窓が目に、踏み石が唇に見えるのだ。「顔の門」とでも名付けたくなる門だ。

受付で拝観料を払い、詩仙堂の建物、至楽巣に入ると、庭に向かって左に滝があり、音を立てている。その日は、京都の「音の庭」を探訪するという心構えでいたから、ここでもまずは音に気づく。滝は岩に囲まれていて、暗い。その闇の中に、流れ落ちる水の飛沫が、チラチラと光っている。

そして、庭の右の方に、縁側を歩いていく。低く築いた土の起伏があって、刈り込んだ植木の生垣がある。先ほどの滝はその向こうにあって、滝の音は遮断され、静かだ。

「静かな庭だなあ」と音もない庭を眺めていると、突然、コ

顔の門こと老梅関の門

ーンという音が短く響く。鹿威しだ。寂光院の鐘の響きは聞いたことがないが、音量からしたら、鹿威しの方が遥かに小さいだろう。しかし静かな庭の中で、拍を打つように、力強く心に響く。

建物の中から庭を見ると陽の光が、砂と岩の庭に落ちて、砂の粒の間に、小さな影を作り、砂粒の輪郭がくっきりと見える。砂庭の周囲の生垣が山や陸のミニチュアのようで、そこに低く広がる砂庭は、やはり海の光景を描いているようだ。音のない、静寂の海。家主の石川丈山は、毎日この庭を眺め、この小さな庭に、大海やさらには宇宙のビジョンを思い描いていたのかもしれないな、と思ったりする。

しばらくすると、また鹿威しが鳴る。その鹿威しは、書院からは、音はすれども姿は見えず。そしてまた庭の静寂が現れる。刈り込まれた植木を眺めながら、この向こうに滝があると考えるが、そこでは音は遮断されていて、水の音は聞こえない。

再び、砂庭を眺める。植物は風が吹くと、微かな葉擦れの音が起こるが、砂庭はずっと、完全な沈黙だ。そんな静寂の庭を眺めながら、時を過ごしていると、また鹿威しの音が響いてくる。

建物から庭を見るのは、おしまいにして、靴を履いて庭に出られるので、玄関に戻るが、その前にまた、初めに見た滝を眺める。何かの楽器のように、水が岩を打ったくさんの音が、白い水の光景と共に耳に入る。

詩仙堂の建物と庭の配置を図示するとこうなる。

詩仙堂庭園

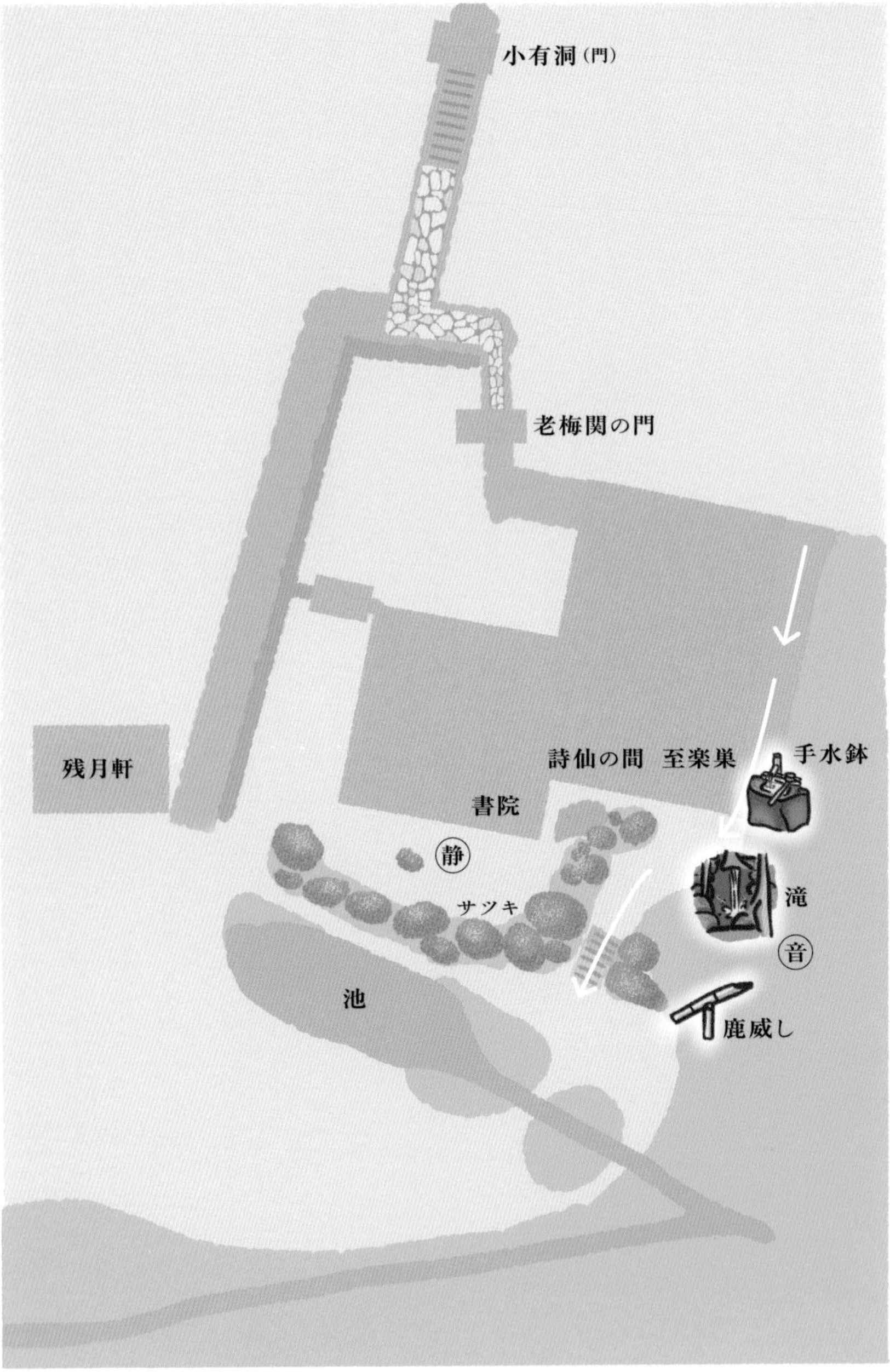

建物と庭園について見ると、書院の前に、静かな空間があって、滝は建物に向かって右、そして庭の外れの方に鹿威しがあるという配置になっている。

さて、再び玄関で靴を履いて、庭に出てみることにする。建物の脇の細い通路を通って庭に出ると、まず小さな手水鉢《ちょうずばち》があり、水が溜まっている。音はなく静かだ。庭へと視界が開ける建物の角のところに来ると、また手水鉢があって、こちらには竹の筒から水がチョロチョロと落ちている。その小さな音が、まず耳に入る。その先に岩が積み上げられていて、その向こう側に、さっき縁側から見た滝がある。水の落下は1メートルほど。間近に見られるので、大きな音に包まれる。滝は、岩で作られた窪みの空間にあり、そこだけが楽器のように水の音が響いている。

庭に出ると、さっき庭を見ていた縁側が、逆に庭から眺められる。子どもの頃、田舎の農家に遊びに行った記憶などが蘇る。砂利が敷かれた庭と、縁側。かつての日本のどこにでもあったような光景だ。しかし建物の前の砂利（＝枯山水）は、ここでは立ち入ることはできず、聖地のように、何もない空間である。刈り込まれたサツキは、冬なので、葉が茶色い。それが静かな田舎家の侘びた色合いを醸している。

サツキの刈り込みの間に、石段があり、そこを下る。傍に小さな水の流れがあって、小さなせせらぎの音を生み出していて、静寂な庭の中に、音の断片が散らばっている。その先に鹿威しがある。

竹筒からチョロチョロと細く水が流れ落ち、鋭く斜めに切られた鹿威しの太い竹筒

侘びた色合いを醸しだす冬の日の詩仙堂

に溜まっていく。しばらく、水が溜まるのを待つ。枯れて茶色くなった竹筒は、斜めになっていて、端の斜めの切り口が、ちょうど水平の線になっている。その切り口の水平な線が、空間に安定感を生み出している。

やがて水が溜まると、鹿威しの筒は、シーソーのようにゆっくりと端が落ちていき、溜まった水がその切り口から流れ落ちる。再び軽くなった筒の端は勢いよく跳ね上がり、その反動で反対側の端が、石の台に当たり、コーンと（やや鈍い）音を立てる。縁側に腰掛けて、音源がどこにあるのか見えない鹿威しの音が響き渡るのを聞くのもいいが、目の前で竹筒の動きと共に生まれる音を、間近で聞くのも、また趣がある。水と竹と石が、重力によって生まれた動きによって、音を作り出す。そして水は、絶えることなく注ぎ続けるから、アシストする人がいなくても、無人の庭で音を生み出し続ける。

詩仙堂の鹿威しの音は、鈍い音というか、低い音だ。もっと、カーンと高く響くかと思っていたが、風流というより、重く、力強い音だ。ともかくそれが、詩仙堂の鹿威しだ。それは、鐘楼の鐘の、重く低い音にも似ているのかもしれない。

音を発した後の鹿威しは、またチョロチョロと水が注がれ、そういえば、この小さな音もまた、鹿威しの大きく重い響きとは違う、もう一つの音の世界を作っていると気づく。

この詩仙堂は、鹿威しが有名だから、ここが「音の庭」であることは既に言われて

詩仙堂の鹿威し

いることで、僕が指摘するまでもなく、皆さん初めから知っていたことだろう。ただ、この庭が、それ以前に作られた音の庭である寂光院と比較すると、寂光院の方は、庭の右と左に、音と沈黙の対比というシンメトリーのきっちりした空間で作られている明確な構造があるが、対して詩仙堂の方は、音という観点から見た時の庭の空間的な構成は、もうちょっと崩れていて、しかしその崩れている空間の中に沈黙の世界と音の世界があるというものだ。もちろん、ここで重要なのは「沈黙」の方だろう。そういう沈黙、あるいは静寂といってもいいが、それを浮き立たせるために、滝があったり鹿威しの音があったりする。その静寂というのは、物理的に音がない、という静寂ではなくて、心の中に迷いがないというか、迷いを消すというか、そういう落ち着いた精神状態を作り出すため、そういう精神状態の表れとしての装置で、この庭にいろいろな工夫が凝らされているということだ。

沈黙、そして静けさというのは、精神にとってとても大事なものだ。例えばメキシコの20世紀の建築家ルイス・バラガンが言った言葉で、「建築にとって、いちばんの贅沢は、静寂の空間を作り出すことだ」というものがある。建築や庭の空間を、いろいろなもので豪華に飾り立てるのではなくて、静寂というものが建築空間や庭の中にあることが一番贅沢なのだ。

だから、まさに京都の庭というのは、ルイス・バラガンに先立つこと何百年も前に、既に静寂とか、音のない空間が持っている価値、それが人の心に及ぼす力が、しっかり造形されていた。それが、京都の庭なのだ。

まとめると、こうなる。

建物も庭も、基本的には静かな空間があって、そこに滝と鹿威しが作りだす音があり、さらに庭を歩いていると、ここには静寂があり、ここには音がある、そしてここにも静寂がある、というふうに音を探す、あるいは静寂を探すことによって庭を歩く楽しみが生まれる。そんなふうに佇んでいると、自分の心の中に、沈黙の静かな気持ちが沈澱してきて、心も落ち着いてくる。そういう庭なのだ。

鐘の音《ね》　化けた　竹の音

information

詩仙堂

曹洞宗の寺院で、山号は六六山。江戸時代初期の文人・石川丈山が晩年を過ごした山荘跡で、後に寺院となった。狩野探幽筆の36詩仙の肖像画が掲げられる詩仙の間のある建物は本堂でもあり、凹凸窠と呼ばれる。1641年築。

―

京都市左京区一乗寺門口町27。市バス「一乗寺下り松町」下車後徒歩約7分。または叡山電車「一乗寺駅」より徒歩約15分。拝観時間：午前9時～午後5時（受付終了：午後4時45分）、拝観料：700円（大人）

3

醍醐寺三宝院

音によって作られる世界

表書院より。
庭園全体を見渡せる

次は、醍醐寺《だいごじ》の三宝院《さんぼういん》庭園に行ってみよう。

先ほどの寂光院《じゃっこういん》の庭園を整備したのは豊臣秀吉だった。この三宝院も豊臣秀吉が自ら縄張りを行い、秀吉が財力を投じて作らせた庭だ。

ところで、そもそも「音の庭」ということについて書いているが、自分が興味を持っているような、京都の庭に隠された音が作りだす空間、ということに最初に気づいたのが、実はこの醍醐寺三宝院だった。

まずは、三宝院の庭園の構造について、ざっと見ることから始めよう。

醍醐寺には、三宝院以外にも、たくさんの塔頭《たっちゅう》や堂宇があり、国宝の五重塔もある。さらには醍醐山一帯も寺の土地で、本気で醍醐寺の全部を参拝しようと思ったら、この山を登り、山上にあるお堂もお参りしないといけない。自分は、学生の時の古美術研究旅行で、友だちと、ほとんど登山のように汗をかきながら、この山を登ったが、その頃は若く体力もあって坂道もなんのそのだったが、その時の「きつさ」がトラウマになったのか、以後は醍醐寺に行っても、麓の境内をうろうろするだけで済ましている。醍醐寺の第一印象というと「山登りが、きつい」ということしか記憶にない。ともあれ、それから何回か醍醐寺に行って、三宝院の庭を前に佇み、ある時に「この庭は、音で演出されている」ということに気がついた。

参観者は、玄関を入って、庭に向かって右の廊下を進み、そこで庭と出会う。庭の中央に大きな庭があり、その向こうを高い樹木が囲っている。風が吹くと、その樹木の枝を揺らし、葉ずれの音が起こる。照葉樹の葉は厚く、微風ではびくともしないが、モミジなどの落葉樹は葉も薄く、微かな風でも動く。あちらこちらでザワザワ、ザワザワ音がしたり、別のところではサワサワと別の音が起こる。風の強さによっても、庭に湧き起こる音のタイプが違う。もちろん、葉ずれの音など微々たるもので、よほどの強風にでも襲われない限り、静かなものであるが、しかし耳を澄ますと、照葉樹、落葉樹などタイプの違った音が耳に届く。そして池の水面や、さらには砂が敷き詰められたところは、風が吹いても音がしなくて、音がある空間と静寂の空間を、植物と石と砂が作りだす。

それに加えて、庭の左奥には、滝がある。そこから、風の葉ずれの音とは違うタイプの、水が落ちて水面を打つ音が、庭に響き渡っている。しかし、この滝が、庭が最初に視界に入った時には見えないのだ。滝の音はする。しかし滝は見えない。どういうことか？

中央に亀島の松。その先にある滝は見えない

まずは建物と庭の池と島と、滝の位置を確認してみよう。玄関から入った参観者は、まず、表書院の右端のところの廊下に立って庭を見ることになる。滝は、庭の左45度の先にある。池には、いくつかの島があり、その中の亀島の先が滝の方向だ。ところが、この亀島に松が植えられている。参観者は、庭を見ると、島（=亀島）と、そこに植えられた松は目に入る。ところが滝は、ちょうど松の向こう側にあって、松で遮られて、滝が見えない。もちろん、滝が立てる水音は聞こえる。大きな水を打つ音は、庭に響き渡っている。しかしその音源である滝の姿は、初めに庭を見た瞬間には目に入らない。だから、「滝の音はする、しかし滝の姿は見えない」となる。

もちろん、廊下を少し先に進めば、庭を見る視点も変わり、松に隠されていた滝が目に入ってくる。滝は、勢いよく飛沫を立てて、音を響き渡らせている。

そんなふうに、この庭の、音を作り出す仕掛けと、その音源を隠す作りを眺めてみてほしい。庭は「見る」ものだが、同時に「聞く」ものでもあり得る。

さらに、この三宝院の庭は、他にも複雑な音にまつわる仕掛けがある。そのあれこれを体感し、美とはどういうものか味わってもらいたいのだが、お寺側にもいろいろ事情があるのか、そこに行けばいつも、あらゆる音の美が揃っていて、いつでも見たり聞いたりできないこともある。三宝院にも立ち入り禁止の箇所や、決められた拝観ルートがある。かつては一番奥の建物まで行けて、庭をあちらから、こちらから、いろいろな視点から眺めることもできたのだが、数年前に行った時は、表書院の先は立

醍醐寺三宝院庭園

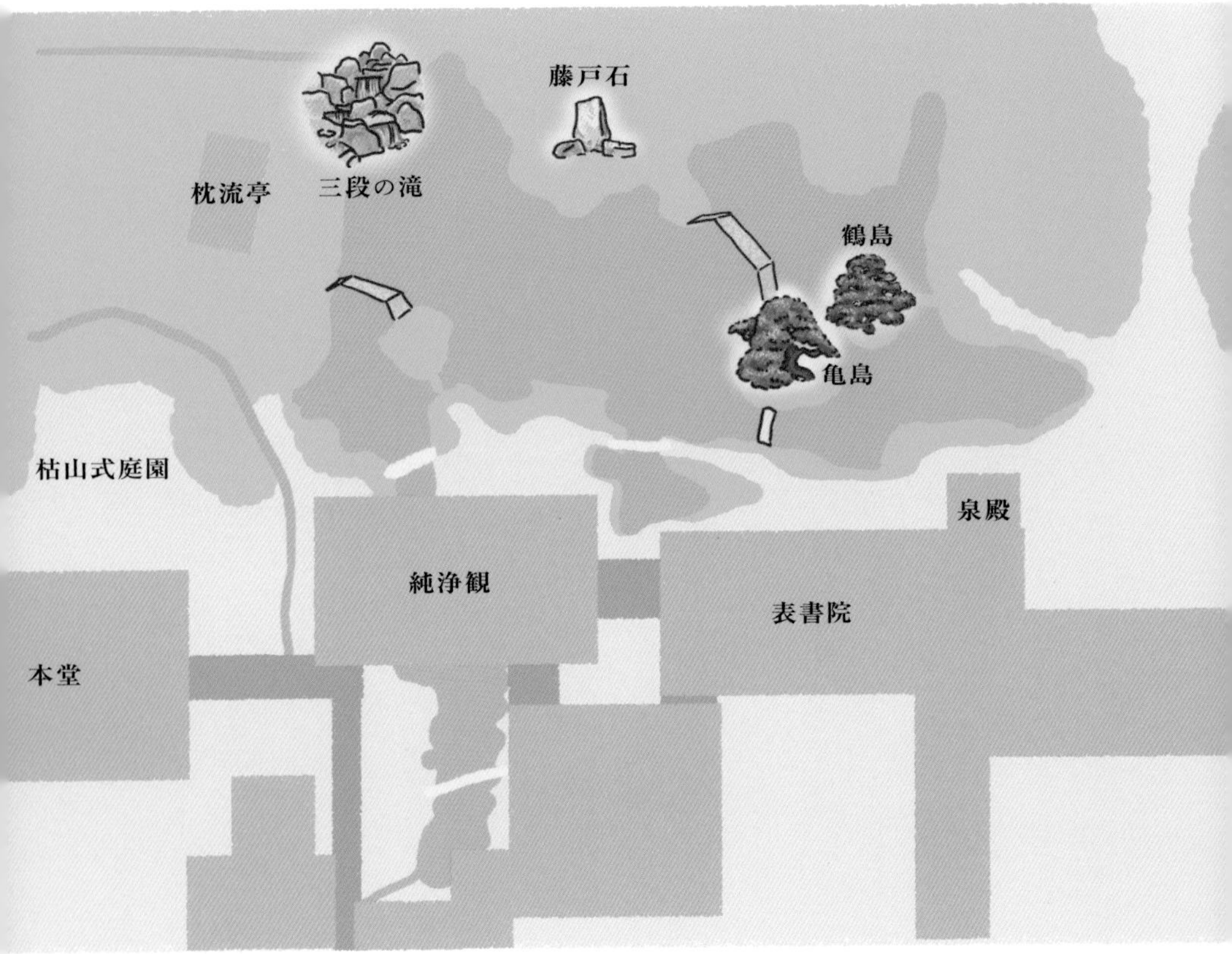
藤戸石
三段の滝
枕流亭
鶴島
亀島
枯山式庭園
泉殿
純浄観
表書院
本堂

ち入り禁止になっていて、庭は限られた視点からしか見ることができなかった。「滝」については、飛沫を上げている姿を見ることはできたし、それを隠している亀島の松も見ることができた。しかし「その先」は、進むことができず、この音の庭の全体像を体験することはできなかった。現在は、奥にある本堂まで公開しているので、その「立ち入り禁止」になる以前に自分が見た、この音の庭の構造について、説明はしておきたい。

庭に限らないが、何かの見学に際して、工事中や修理中、あるいは台風や大雨、強風の被害によって、いつもとは違う制限があることもある。この三宝院の庭も、ある時に行ったら、池の水が抜かれ、枯山水のような様相になった庭に遭遇したことがあった。もちろん、滝に水は流れていない。だから水の音もない。初めは少しがっかりしたが、しかしそれもまた希少な体験である。何より、そういう光景を見ることで、ふつうはガッカリするところだが、水があれば空を映し、樹木を映し、とその景色を想像し、庭にとって水というものが作り出す空間がいかに美しいかを再認識できた。ともかく、庭は水があることによって、音を出す装置、つまり「楽器」となる。

では、醍醐寺三宝院の庭には、この滝の音以外にどんな音があるかを見ていこう。

拝観は、書院の西端にある泉殿に立って庭を眺めることから始まる。室内の通路を通って、この泉殿からバーンと広がる庭を見る。そこには池があって島があって、その先に滝がある。滝の音が耳に入るのも、この庭に面した泉殿に立った時からだ。先にも書いたが、いきなりここに入ると滝の音は聞こえるのだが、滝と泉殿を結ぶラインの間に亀島があって、そこに松が植えられていて、それに遮られて滝が見えない。水のシャラシャラ、シャラシャラという音は庭いっぱいに響き渡っているのだが、どこから聞こえてくるかわからない。そして泉殿から書院の縁側に進んでいくと、視界が開けて、その先に音源である滝が見える。そういう演出になっている。

この時点で、「この庭は、音に対して何かこだわりがあるのではないか」と気づく。それで、この庭の音の演出の仕方を探り始める。他にも音の効果が秘められているのではないかと探し始める。

池を正面にして、表書院、純浄観《じゅんじょうかん》へと建物を進む。池は、純浄観の端で終わり、そこに小川が流れていて、小さな水音を立てている。それは大きく響く滝の音と二重奏になって、音の響きは複雑に奥行きが増して聞こえてくる。

そんなふうに水の音の協奏によって、庭は視覚的に見て楽しむものであると同時に、聴覚的に聞いて楽しむ庭ともなる。そこは二つの水音が協奏する庭であると同時に、視覚と聴覚の二つが協奏する庭でもあるのだ。

しかし、この庭の周囲は、その外側との間で区切られている。庭の

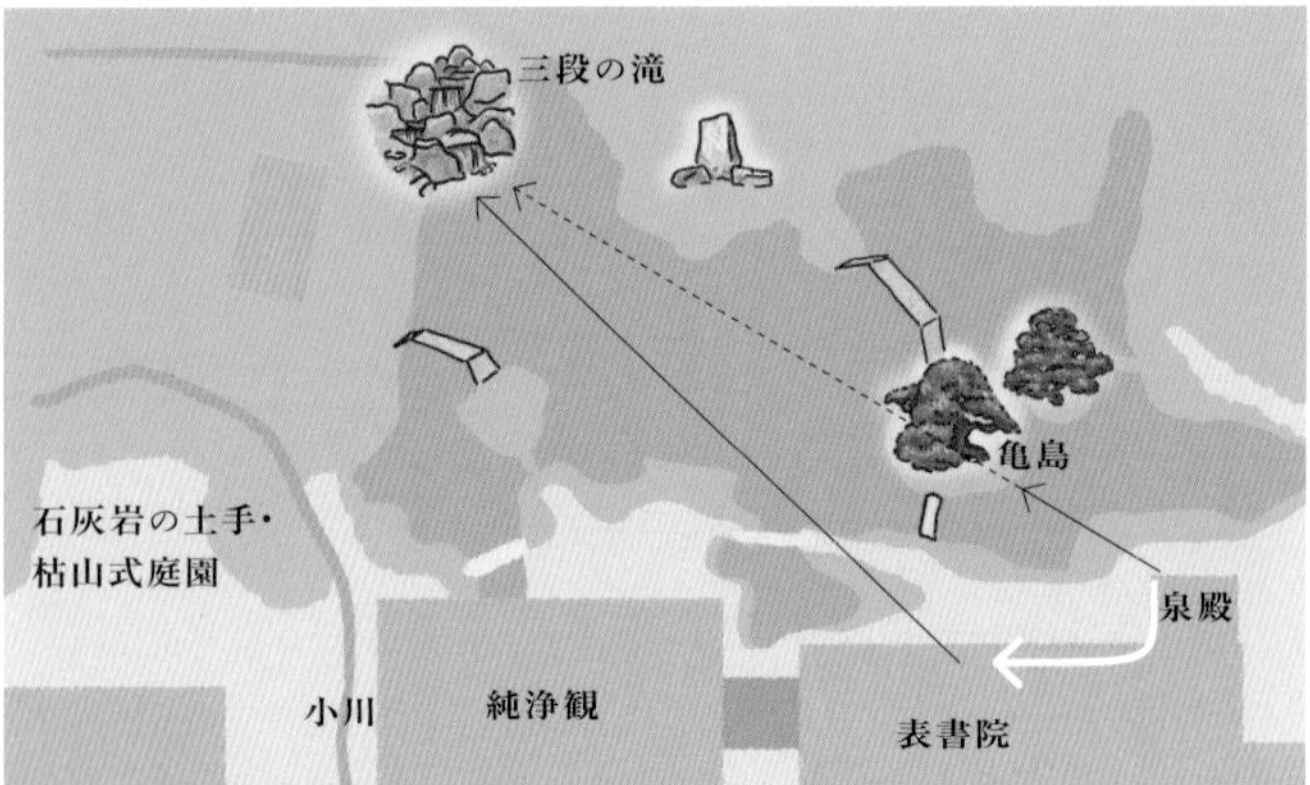

三段の滝

池の向こうには、高い樹木が立っていて、その近くには塀もあるのだが、庭の空間は閉じたものとして区切られている。そして、池の東にある小川の、その背後には石灰岩の土手がある。これは高い樹木ほどの境界線とはならないが、この岩の小山によって、庭で響いていた音は遮られ、その先には静かな、音のない、枯山水がある。滝の音も、小川の水の音も、何もかも石灰岩の山に遮られていて、そこには沈黙の世界、静かな世界がある。そこに枯山水のような、白い砂と、丸い面がいくつかある（そこは苔で覆われている）。

この静かな庭に面しているのが本堂で、そこには快慶の仏像が安置されている。これまで見た寂光院《じゃっこういん》や詩仙堂では、その静かな庭にはゴーンと鳴る鐘や、鹿威しがあったのだが、こちらはそれにあたる配置には、仏像が安置されたお堂がある。もちろん、仏像を前にして、時に読経の音が響き渡る時もあるのだろう。その意味では、この三宝院でも、静寂とそこに響く音、という構図は同じで、しかもこちらは読経や、それに合わせて僧侶が叩くお椀のような鐘の音が響くわけで、より宗教的・精神的な意味合いが明確な音が発せられる、ということもできる。

さらに、三宝院の全貌を広い視野から見てみると、この庭園には中庭とでも呼べる場所が建物の間にあり、そこに小さな池がある。ちょうど、純浄観の建物の裏にあたる。純浄観と表書院の間が、坪庭になっているのだが、この裏庭の小さな池は、建物正面の池と空間的には坪庭でつながっている。つまり、純浄観という建物があって、表書院という建物があって、その間の空間が坪庭という、建物の「空間の隙間」になっていて、そのあっちとこっちに池がある、という構造なのだ。

　この小さな池は、四方を建物で囲まれているので、狭い、静寂の空間だ。ちなみに、この池の横に奥宸殿《おくしんでん》という部屋があり、この中に棚がある。醍醐棚という独特のデザインで、桂離宮の桂棚、修学院離宮の霞棚の三つで、「天下の三大名棚」といわれる（高台寺の棚が入ることもある）。

　坪庭の脇に立って、奥の小さな池を横目に、この醍醐棚を眺めていると、そこは静かな空間なのだが、どこからか水音が聞こえてくる。その音源の方向を見やって前の庭に目を移すと、そこは亀島の辺りで、水の音を出す滝などは、どこにもない。「また、亀島に隠されて、その向こうに滝があるのか」と、表書院に戻って庭を眺めても、その方向からは音は聞こえてこない。最初に庭の前に出た時と同じく、庭の東側、庭に面した左に大きな滝があって、飛沫を上げながら水が落下して池の面をうち、そこから大きな音が湧き上がっている。

　つまり坪庭の奥に立っている時に聞こえてくる音の音源は、どこにもないのだ。しかしなぜ、音源がないのに、その方向から音が聞こえてくるのか？　もう一度、醍醐

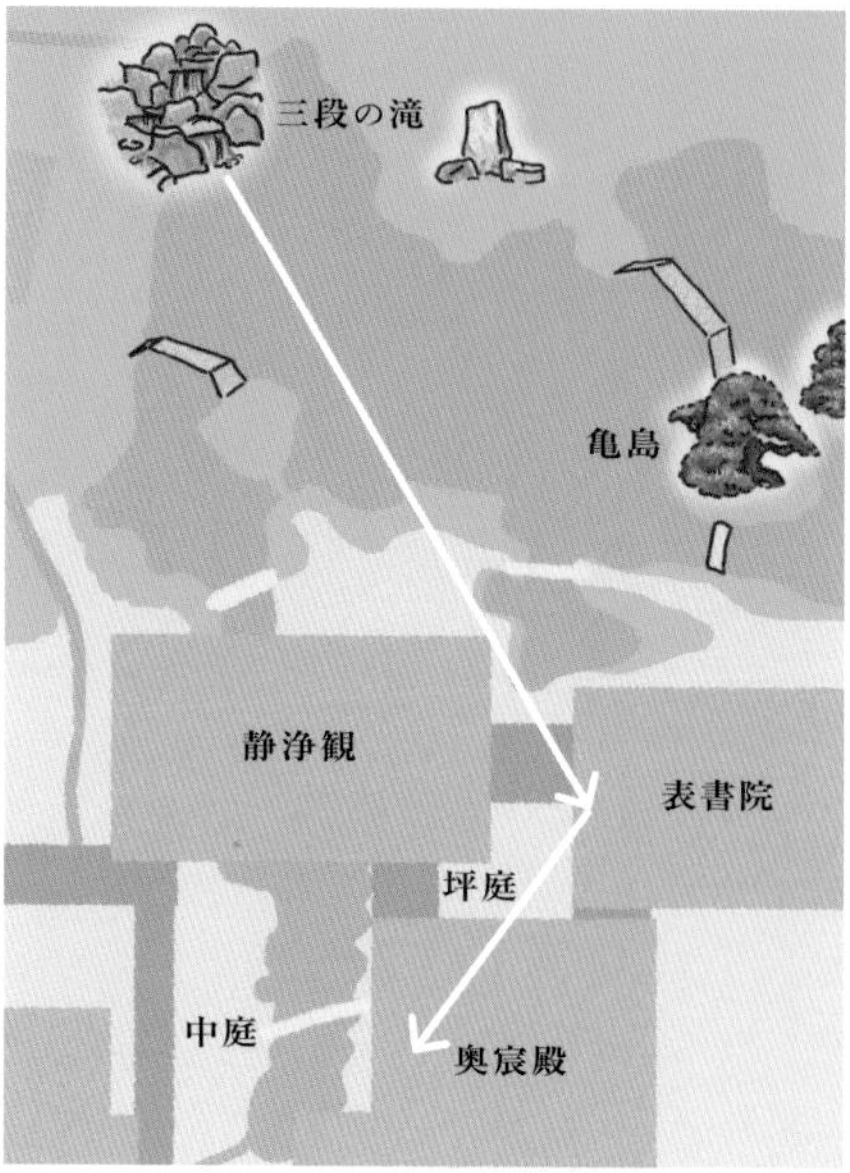

三段の滝の音が反射して、奥宸殿に届く

棚が見える坪庭と奥の池のところに戻って、「はて、この音はどこから聞こえてくるのだろう」と考える。そして、これは庭にある大きな三段の滝の音なのだ、と気づく。もちろん、音源の方向には滝はない。しかし滝の音は坪庭に届いて、それが表書院の壁に反射して、音の方向を変えて、坪庭と奥の池に届くのだ。もし坪庭の表書院の壁が鏡でできていれば、そこに滝の像が反射して、その白く飛沫を上げる姿が見えるはずだ。

つまり坪庭が音の通り道になって、中庭（あるいは裏庭というのか）に、表の庭にある大きな滝の音が反射しながら届くのだ。その音が聞こえてくる方向をまっすぐに辿ると、そこには音源となる滝がない。これは、泉殿に立って、松の向こうに隠された滝の音の音源が見えないというよりも、さらに屈折した複雑な空間が作られているということになる。まるで現実の世界の中に、もう一つの世界があるパラレルワールドみたいに、音の効果によってそこにある（＝音は聞こえる）のだがない（＝見えない）、そういう空間が現出しているのだ。ちなみに滝の水量は、前日の雨などの自然現象によって変わる。木の葉を揺らす風の音が毎日異なるように、滝の音も一定でない。それがまた美しい。

この醍醐寺三宝院の庭は、秀吉が関わって作られたものだ。そして寂光院の庭の整備にも秀吉が関わった。それは秀吉本人の美学を反映した、というわけではないかもしれないが、秀吉の近くにいた誰か、秀吉がお抱えの庭師、その作庭家が作り上げた、「京都は音の庭である」ということの達成を、これらの庭園の中に立つことで体感することができる。

作曲家の武満徹は『音、沈黙と測りあえるほどに』（新潮社）という本を書いた。それは現代音楽についての論ではあったが、この言葉は、そのまま京都の庭園にも当てはまる。京都の庭に「音」の仕掛けがあるのは必ずしも、音を聞かせることが目的ではないのかもしれない。音を聞かせることで、その背後にある「沈黙」が浮かび上がる。その沈黙と語り合う、そういう装置が京都の庭なのだ。

そんなふうに、京都へ旅をした。そして、庭を見るときに耳を澄まして、音がどう聞こえるのか、どこから音が聞こえてきて、どこで音が遮断され、どこで音が反射し、そしてどこに静寂の空間があるか、という庭の美の味わい方を最初に知ったのは、この醍醐寺三宝院であったのだ。

どこから　響く　庭の音

information
醍醐寺
真言宗醍醐派の総本山の寺院で、山号は深雪山。平安時代初期に空海の孫弟子にあたる聖宝（理源大師）により開山された。三宝院は1115年に創建され、庭園は1598年に豊臣秀吉が醍醐の花見に際して、自ら基本設計をした庭である。

京都市伏見区醍醐東大路町22。市営地下鉄「醍醐駅」より徒歩約10分。または京阪バス「醍醐寺前」、下車後すぐ。拝観時間：（夏期）午前9時〜午後5時、（冬期）午前9時〜午後4時30分（受付終了は30分前）、拝観料：（通常期）1000円、（春期）1500円（いずれも大人）

4 再び寂光院へ

庭は地球のミニチュアである

寂光院山門。
石段を上って本堂へ

再び、寂光院《じゃっこういん》の話を書きたい。

最初に書いたのは、冬の日に訪ねた寂光院についてだったが、初夏の日に訪れたこともあった。木々の緑が輝き、温かい空気の中で見るこの庭は、また違った顔を見せてくれる。

6月のある日のことだった。ちょうど半年違いだが、1月に訪ねた時と同じルートで、門から入って本堂の右にある池へと歩いた。そして左にある静かな池の前に立ち、鐘を見て音を想像する。そういうルートで巡った。

まず、石段を上る。もちろん雪はなく、丸く刈り込まれた緑の躑躅《つつじ》に、赤い花が咲いていている。赤といっても真っ赤な赤ではなく、ややピンクがかった淡い色だ。葉の緑も、柔らかく明るい色をしている。その赤と緑が、ちょうど補色になって、それぞれの色をさらに引き立てる。

冬の池には、氷になった雪が浮かび漂っていたが、6月の今は、泳ぐ鯉に目がいく。池に流れ落ちる滝の水が、白く輝き、手を触れたくなるような心地よい冷たさを感じさせる。滝は、やはり水音を立てている。この池には、一年中、二十四時間、水の音が響き続けているのだ。その音が絶える時はない。水面に映る緑も、きれいだ。

その池から視線の方向を変えて、庭の反対側を見る。そちらに歩き出す。池から連なっている小さなせせらぎが目に入る。水の流れは岩の下を潜り、いったん見えなくなるが、また現れる。水辺にはいろんな花が咲いている。命が溢れている。そこは沈黙が広がる庭だが、同じ沈黙でも、植物がこれだけ生き生きしていると、冬の庭とはまた違った静けさに見えてくる。

そして、その先に鐘がある。鹿威《ししおど》しのカーンという音を発するのと似たような仕掛けで、静けさの中で音が湧き上がる。

この鐘楼の横に、庭の下の段へと降りる石段があり、その先に手水鉢《ちょうずばち》がある。静かな庭をもう一度眺めて、石段を降りてみる。鐘の音もなく静かなので、自分の靴が砂利を踏み締める音だけが耳に入る。石段の岩を踏みながら降りると、砂利とは異なるコンという足音が耳に入る。こういう音の庭に佇んでいると、耳が冴えて、自分の一挙一投足が発する音にも耳が澄まされる。

石段を降りると、手水鉢に竹筒から流れてきた水が落ちて、チョロチョロと小さな音をたてている。静かだ。この辺りが、感覚的には寂光院の庭園でいちばん静けさを感じさせる空間になっている。ともあれ、雪の冬のお寺とはまったく違った世界があって、やはり地球の四季が、庭園の光景と重なっている。

この手水鉢の横に、とても小さな池がある。その池と、手水鉢に垂れる水の音と、それがまるで寂光院の音の庭のミニチュアになっているようにも見える。そもそも庭というのは、世界の、地球のミニチュアであるが、さらにその庭のミニチュアが、庭の片隅にある。

というのが寂光院の庭だ。

ともかく、ここで書いている音の美というのは、まず「静寂」が広がる空間があって、そこにゴーンという音がさらに、その静寂、沈黙を浮き彫りにする、そういう美の世界だ。この初夏の寂光院に行ったとき、鐘から石段を下った手水鉢の横の家にあるものがあった。それは水面に垂れる木の枝の葉にまとわりついた白い泡だった。つまりモリアオガエルの卵だ。

カエルの卵？　そんなの日本庭園の美と関係ないじゃないか、と思われるかもしれない。いや、日本の美というのは「自然」と共にあって、池の上に点景のようにあるカエルの白い卵の泡も、これまた日本の庭園を作る要素だ。

しかしここで自分がカエルの卵なんかに言及したのは他の意味がある。例えばそれが、トンボの幼虫のヤゴがいたとか、そういうのと話が違う。ここでは、自然の中の生き物として、なんとしても「カエル」に登場してほしかったのだ。

池と池をつなぐ小さなせせらぎ

その理由は、唐突かもしれないが、芭蕉の俳句「古池や蛙《かわず》飛び込む水の音」が脳内にあったからだ。

寂光院の庭を歩いているとき、自分の頭の中でずっと考えていたのだが、芭蕉のこの俳句は、まさに「水の音」の世界だ。芭蕉は、他にも「静けさや岩に染み入る蝉の声」など、寂光院の庭の「音の美」に通じる世界を、俳句として、文学として造形している。芭蕉と寂光院に、直接の関連はないが、共通する美意識は、たしかにある。特に「古池や」の句は、芭蕉にとって自身のスタイルを確立した蕉風開眼の作品として、とても重要なものだ。

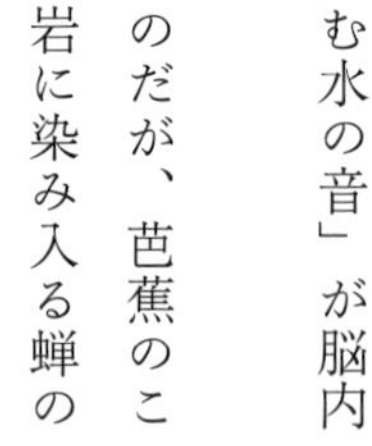

木の枝に垂れる
モリアオガエルの卵

古池や蛙飛び込む水の音

この句は、寂光院をはじめとする京都の音の庭の本質を、十七音の中で言い当てている。そこで、話題は京都の庭園から逸れてしまうが、この章の最後に、この俳句について少し考えてみることにしたい。それは、京都の庭の美と、本質的に共通するものなのだから。

さて、まずはカエルそのものの身体的な特徴について考えてみよう。カエルは、生物の分類でいうと両生類のグループに属する。両生類は、生物の進化でいうと、魚などの魚類が上陸し爬虫類が登場する、その間の時期に地球で誕生した。つまり、両生類の位置付けは、魚類↓両生類↓爬虫類、というふうになる。水の生き物から、陸の生き物への、その間の、水と陸の両方を生きる場としている。それは両生類が、カエルでいえば、卵・オタマジャクシという水の中の暮らしから（モリアオガエルは水面の上の木の葉などに泡の卵が産みつけられるという例外もあるが）、大人へと成長したカエルという陸での暮らしへと変わっていくことと同じだ。ただし大人のカエルも、水分は皮膚から吸収するので、ときおり水に浸らないといけない。ともあれ湿気は必要なのだ。

それと両生類の中で、カエルは「無尾目《むびもく》」に分類される。両生類には、サンショウウオやヤモリなどがいるが、たいていは尾がある。しかしカエルには尾がないので無尾目というわけだ。そんなふうに尾がない体というのは、どういう生活スタイルになるか。どういった運動能力を獲得するか。それを一言でいえば「ジャンプするための体」ということができる。

カエルの体の解剖学的な特徴を説明すると、一つは尾がない。それに加えて、多くのカエルの種は、後ろ足が長い。尾がないことによって、上体を起こした独特の姿勢をする。人が土下座をして、曲げた肘を伸ばして、頭を上げたような姿勢だ。これはジャンプへの準備体制といえる。尾があったら、尾が邪魔して体の前の部分を持ち上げるのは難しい。それに加えて、カエルは後ろ足が長く、強靭な筋肉がついている。その折り畳まれた後ろ足を、一瞬で強く伸ばすことによって、遠くへとジャンプする。ともあれ、カエルの体というのは「ジャンプするための体」であるのだ。

そこで芭蕉の「古池や蛙飛び込む水の音」の句だ。つまりこれは、蛙がジャンプして(1)、水に飛び込んだ時のことを書いている。しかもジャンプした先が水の中で、陸から水へという両生類的な生態の本質をも描いている。芭蕉は、カエルという生物の本質を、「水の中に飛び込む」存在であると捉え、短い句の中で描いているのだ。

さらに、この俳句作品について、考えてみよう。

日本の詩歌の伝統の中で、芭蕉以前の文学では、カエルというと、カジカガエルが典型だが、コロコロと鳴く、その鳴き声の美しさが和歌の中で詠まれてきた。それに対して松尾芭蕉は、カエルが出す音に関して、鳴き声ではなくて、水に飛び込む音、つまり「蛙飛び込む水の音」として描いた。

カエルの研究の第一人者である松井正文氏は『カエル――水辺の隣人』(中公新書)で「カエルがジャンプ(跳躍)運動と結びついて進化した」として、こんな説明を書いている。

「カエルに尾がないのは、ジャンプ型の生活を進化させるうえで、尾が邪魔だったからである」(同書、28頁)

「骨の数が少なく、非常に短い背骨は、カエルがジャンプし、着地するときに起こる力に耐えるように進化した」(同書、29頁)

いわば、このように生物学者が一生をかけてカエルを研究し得た結論を、芭蕉はわずか十七音の短い言葉の中で描いてみせたのだ。

そもそも、この「古池や蛙飛び込む水の音」という俳句についての研究では、俳人の長谷川櫂氏が『古池に蛙は飛びこんだか』（中公文庫）の中で、その制作の経緯を論じているが、まずこの俳句は、最初、芭蕉は「蛙飛び込む水の音」の部分のみを作ったという。その言葉、イメージが、まずアイデアとして湧いてきた。芭蕉はカエルが水に飛び込んだポチャンという音を聞いたのかもしれない。しかしこれではまだ七・五の十二音だ。俳句なので、その頭に何か五音の言葉を付けて十七音にしないといけない。何を付けたらいいか。最初は「山吹や」と、紫色の花の山吹の言葉をつけようした。そうすると、紫の花が咲いている光景がまず浮かび、そこに池があって、カエルが飛びこむ光景が思い浮かぶ。しかしそれでは、あまりに和歌的な風景だ。それを芭蕉は最終的に、山吹ではなくて古池という言葉を持ってきた。それが長谷川櫂氏が『古池に蛙は飛びこんだのか』という議論で、カエルが水に飛び込んだ音を聞いたのは芭蕉の実体験かもしれないが、そこに古池という言葉を組み合わせたのは芭蕉の「創作」で、実際に芭蕉の目の前に古池があって、そこに飛びこむカエルを見たわけではない、という説になる。

芭蕉が体験したリアルな現実の世界は、カエルが水に飛びこむ音を聞いただけだ。あとは、文学的な創作で、どういう言葉をつけるのかということを考えて、和歌とは違う新しい美学として古池という言葉を選び、それによって芭蕉の俳句のスタイルが確立した。芭蕉は、はっきり方向性を掴んだ。「静けさや岩に染み入る蝉の声」も、そのような蕉風の美学の中で生まれてきたものだ。

ともあれ、「カエルは無尾目で、ジャンプをする」というのがカエルの特徴であるとすれば、散文的に考えてみると、別に「古池や」の言葉がなくても、「蛙飛び込む水の音」だけでもいいのではないかと思う。

そして初夏の寂光院の庭で、自分はカエルの卵を見た。ここにもカエルの世界があった。そして音の庭の世界があった。

ここまで、それぞれの寺院の庭園の、音の庭としての特徴を説明した後に、そのまとめとして十二音の、詩のような散文のような短い言葉を書いてきた。ここでも、まとめとして、京都の庭園が「音の庭」であるということを象徴する芭蕉の眼差しや「耳」を引用して、十二音の文でまとめとすることにしたい。

カエル　飛びこむ　水の音

ii

モダンの庭

昭和の作庭家・重森三玲

1 瑞峯院

伝統的であり現代的、昭和の庭

瑞峯院・独坐庭。1961年（昭和36年）に作庭された

昭和の作庭家・重森《しげもり》三玲《みれい》の庭を訪ねてみよう。

まずは、京都の大徳寺にある瑞峯院《ずいほういん》の庭。

何の予備知識もなく、大徳寺の塔頭《たっちゅう》をぶらぶらと歩いていて、その中で公開されている寺ということで、瑞峯院にぶらりと入ったとしよう。そこに白砂が敷き詰められ、岩が配置されている枯山水庭園がある。そこは京都だし、まず思うのは「これは江戸時代の庭かな。それとも室町時代?」などということではないか。それほどに、この枯山水は、京都の伝統的な庭らしい趣がある。

しかし波打つ白砂のうねりが、思いのほかダイナミックだ。昔の日本庭園にも、こんな庭があったのか、と考える。そしてようやく、拝観料を払った時に渡された説明書に目をやる。すると、昭和の作庭家・重森三玲の作だと知る。「えっ、昭和!」とやや驚くかもしれない。昭和の時代にこんないかにも古い京都らしい庭が作られたのか。

そんなふうにして、重森三玲の庭の世界へと入っていく。

大徳寺の庭園といえば、まずは何より大仙院だ。こちらは、日本の庭園の中でというか、日本の芸術の中で、かなりの最高峰の造形作品ということができる。私が大徳寺の大山院に、最初に行ったのは高校の時の修学旅行で、その時の庭の印象というのは非常によく覚えている。庭に面した廊下に立って眺めた時に、頭の中に言葉が浮かんで、それは「狭いな」というそれだけだった。修学旅行に先立って予習をして、写真は前もって見ていたので、どういうものがそこにあるのか、情報としてはわかっていた。しかし実物を見ると「狭いな」という感覚しかなく、とくに感動もしなくて、逆に「つまらないな」とも思わなかった。ただ「狭いな」という言葉が浮かんできただけだった。

しかし、その「狭いな」と思った感触は、60歳を超えた今でも生き生きと自分の中に残っていて、高校生の自分にとってはどう咀嚼して良いのかわからなかったのかもしれないが、あれは本物との出会いだったのだな、と今になって思う。それが大徳寺大仙院との1回目の出会いで、それから20、30回は行ったと思うが、ともかく素晴らしい庭だ。

しかし、この章は、昭和の作庭家・重森三玲についての話なので、その大徳寺にある瑞峯院、さらには重森三玲が作庭した他の庭園のことなどについて書いていきたい。

まずは、大徳寺の瑞峯院だ。

瑞峯院は敷地の中央に方丈という建物があって、庭は、その東西南北の四面を囲んでいる。どちらの順路でも良いが、まずは裏庭に当たる庭に行ってみよう。正面の庭は、最後に取っておく、というわけだ。

この北面の裏庭（北庭）は、隠れキリシタンの庭ともいわれる。石の並びをつないでいくと、十字架の形に配されている。重森三玲が関わる以前から元々あった庭で、キリシタン大名である大友宗麟《そうりん》に関わる庭で、7個の石が、建物に対して斜めの十字架になっている。パッと見たところでは、その十字形に気づかないが、そこが「隠れ」キリシタンらしいところだ。十字架というのは、西洋美術に頻出する意匠だが、北庭はこんな日本庭園に西洋の匂いが秘められた庭でもある。

さらに進むと、方丈の建物の西に面した小さな庭に続いている。奇妙な形の杉があり、太い幹が数十センチ地面から生え、そこから枝がわかれ、細い枝が何本も垂直に伸びている。京都の庭でよく目にする北山杉だ。鉢に植えられているわけではないが、

北にある閑眠庭。キリシタン大名の大友宗麟に因んだ十字の配置

瑞峯院庭園

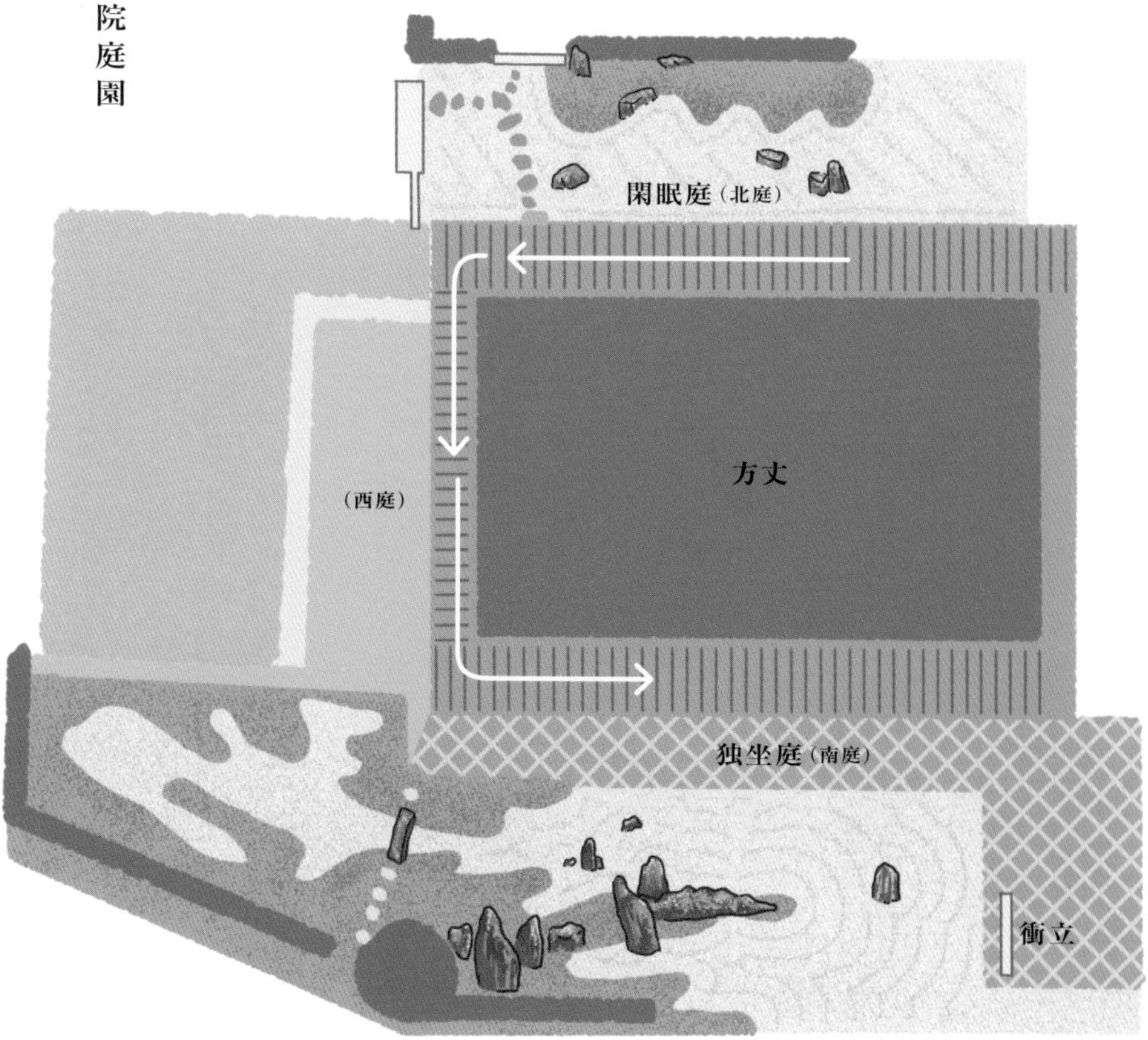

盆栽のような人工的に枝振りが整えられた樹木だ。その狭い庭のスペースには他にも松などもあり、敷き詰められた苔や、そこに敷石が並べられ、水平・垂直の構図による庭の小宇宙が作られている。

さらに進むと、正面の庭(南庭)である。この章の冒頭に載せた写真の庭が目の前に広がっている。狭い庭だ。公園のような敷地はない。しかし眺めていて、そこには無限の広がりを前にしたような心地良さがある。

白い砂と、緑色の苔の生えた築山が、陣地を取り合うように入り組んでいる。白砂は「海」を、苔の生えた土のところは「陸」を描いていると見て良いだろう。そこに「島」のように岩が配される。岩は、苔の生えた土の上にもある。こちらは陸の上に聳《そび》える「山」を描いていると見て良い。つまり砂と土と岩、それに苔や植木によって、自然の光景が描かれている。そんな庭だ。

庭の正面右手は、奥に庭が広がっている。そこにも、白砂と、苔が生えた土の面が、陣地を取り合うように入り組んでいる。正面右手の白砂は、模様のない(凹凸のない)平面で、これは湾の中の穏やかな海の光景である。それに対し、正面の白砂は、大胆な模様が描かれ、その砂の凹凸が、荒れた海の波にも見える。つまり庭の右手には湾や、その源流である「川」の光景があり、そこから正面の庭の「大海」へと、風景が広がっている、ということになる。

庭は屋外にある。だから晴れの日の庭と、雨の日の庭、曇りの日の庭では、まるで

西に面した小さな庭。北山杉が生えている

自然そのもののように違った風貌を見せる。晴れた日の庭には、太陽の光が降り注ぎ、岩の影が白砂に落ち、また荒波を表現した白砂にも、その波の高低が光と影のコントラストを見せてくれる。つまり曇りや雨の日に比べて、晴れた日の太陽の光が降り注ぐ庭は、大海の波がよりくっきりと見え、それがより大波に、ダイナミックに見える。

この南庭（独坐庭）は、左の隅に建物があり、縦横1メートルほどの白い壁の面が、庭と向き合っている。まるで抽象絵画の白い四角形が、そこにあるようである。その抽象的な造形と、庭の、大海や島や陸を描いた光景が対峙している。そこにモダンな感じがあるな、と思って改めて考えてみると、これは昭和の庭、つまり20世紀の庭で、この庭を作った重森三玲は、20世紀の美術運動である抽象絵画のことはもちろん知っていて、それが京都の他の古い庭との違いだと気づかされる。

白砂の横には、杉苔を植えた土がある。京都の白川砂《しらかわすな》の白と、苔の緑が色彩を引き立てている。

枯山水には、砂と岩と土（に苔）があるが、それらは音を立てないから、静かだ。しかし背後の樹木が風に吹かれて、葉ずれの音がそよそよと起こっている。その対比が、枯山水の沈黙の度合いをさらに強めている。風が吹いても、シーンと静かで、それがまたある種の精神性を感じさせてくれる。

この瑞峯院の独坐庭は細長い狭い庭だが、その細長さをさらに強調するように、岬の形が造形されている。その奥には入江の光景が描かれているが、この海と陸の境の

白砂と苔が入り組む南庭の正面向かって右

南庭の隅にある抽象絵画のように置かれた衝立

曲線のカーブが、日本の絵画の伝統が培ってきた線の美を思わせるところがある。

そんな昭和の庭だ。


重森三玲は、1896年（明治29年）に生まれ、1975年（昭和50年）に没した。昭和を50年間生きたので、生まれは明治時代だが、昭和の作庭家ということができる。

その生涯をもう少し詳しく見ると、1896年に岡山県の吉備中央町に生まれた。本名は重森計夫《かずお》という。三玲というのはフランスの画家ジャン・フランソワ・ミレーの名前を使った。『落ち穂拾い』とか『晩鐘』の作品で知られる、あの近代絵画の画家ミレーだ。けっこう西洋かぶれなところがあり、子どもたちの名前も、ゲーテとかカントとかユーゴー、バイロンという音を漢字にした名前をつけたりした。

21歳で画家を志して上京。日本美術学校というところで日本画を学ぶ。ここで注意してほしいのは、若い頃は画家を志して、日本画を学んでいた、ということだ。後に作庭家として大成する重森三玲だが、若いときは画家志望だったのだ。とはいえ、10代の時に、岡山の実家の庭に枯山水庭園を作ったり、茶室の設計もしたりしている。この頃作った天籟庵《てんらいあん》という茶室は、今も岡山に残っており、庭の石組みも、ほとんど埋もれてしまったような現状ではあるが、その痕跡は残っている。

そして1939年、40歳を過ぎた時に、東福寺方丈庭園を作り、作庭家としてデビューする。しかし東福寺といえば、京都の大寺院だ。どうして作庭家としてまったくキャリアのない重森三玲が、そんな寺院の庭を担当できたのか。じつはそれ以前、画家としての志敗れた重森三玲は日本庭園の研究に取り組み、各地の寺院の庭を実地調査し、膨大なデータを集めていた。いわば庭の知識に関しては、各寺院から一目置かれる存在になっている。東福寺も、方丈にある荒れた庭を新しく作ってくれる庭師はいないか、と重森三玲に相談した。そうしたら重森三玲が「よろしければ、私が担当しましょう」と作庭をした。それがきっかけになって、作庭家として認知され、あとは次々と寺院の庭を一新するような作庭のキャリアを積み重ね、昭和を代表する作庭家となったのだ。

そして1975年、80歳を前にして、京都の松尾大社の庭園を作庭したのを最後の作品として死去した。

重森三玲の世界は、しばしば「永遠のモダン」という言い方がされる。その重森三玲が作庭した庭を、制作年代順に見ていくことにしよう。重森三玲の庭は、主なものは京都にあるが、地方にもいくつか残っている。

まず岡山にある天籟庵だ。ここは重森三玲が生まれ育った実家、およびその近辺に庭が残されている。重森の家は茶室があったのだが、今はその前に庭がある。茶室があって、それとセットになった庭である。そこには茶色と白で抽象画のような模様が描かれている。蕨《わらび》の芽のような、渦巻きのような、あるいは波が崩れたときにできたような形の模様だ。これは茶色と白のセメントで固めてあって、日本庭園としては異色な手法だが、そこには植木も池もないからメンテナンスがしやすい。落ち葉が降り積もっても掃けばいいし、雨が降っても水が溜まらない。この茶室の背後には竹林があるのだが、そこに10代の重森が枯山水を作った跡があり、今は岩だけが残っている。実家では、親が茶道をやっていて、15歳くらいから、そんな家庭の中で枯山水などを自宅で作り始めた。

この地を初めて訪ねたときに、こんな文章を書いた。せっかくなので引用してみよう。

岡山は重森三玲のふるさとだ。

私は彼の生家がある岡山県の吉備中央町を旅した。春だった。山桜が咲いている。しかし美しい自然はあるが、文化の影がうすい。山の間の平地に田んぼが広がり、緑ばかりが連なっている。

重森三玲は、そんな田舎で15歳のときに茶道を習いはじめ、17歳では自宅の庭に枯山水を作り、18歳で茶室を設計した。いったい、どんな若者だったのか。

その茶室「天籟庵」は、１９６９年に町内の吉川八幡宮の敷地内に移築された。その時、重森は73歳で、移築した茶室に新たに庭を作った。いわば、18歳の若者と73歳の老人が、その生涯をかけてジョイントした作品だ。庭は、二色のセメントでおおわれ、海と陸を抽象化したデザインになっている。海の波を

天籟庵（岡山県加賀郡吉備中央町）

思わせる大胆な曲線に加え、立体的にうねるような凹凸がある。地面が波うっている。とても73歳の老人の作とは思えない。アバンギャルドな造形だ。一方の茶室は、真・行・草の3つの床の間がある。こちらは10代の若者の設計らしくない、年寄り趣味である。若くして老成し、老いて若さを失わない。天籟庵は、重森三玲その人のエッセンスが凝縮された空間だ。

同じ町内にある「友琳《ゆうりん》の庭」は、1969年に京都友琳会館の中庭に作られたものだ。2002年、友琳会館の移築にともなって、岡山の吉備中央町庁舎の中庭に移築された。これは枯山水ではなく、水が張られている。しかも水流が出るように新たに設計された。動きのある庭だ。庁舎に登り上から見下ろすと、その全貌を見ることができる。「熨斗《のし》」の結び目を思わせる渦巻き模様を、白や黒や緑や赤の石でデザイン化している。大胆だ。

生家跡も訪ねた。今は廃墟と化している。しかし竹藪の奥に、彼が17歳のときに作った枯山水の石組みが残っていた。大きな石が縦に横に、あちこちに散っている。この庭は、京都の大徳寺・大仙院の枯山水の影響を受けたものだという。しかし、そこは京都ではなく、岡山だ。彼は美をどこから学んだのか。

旅の終わりに、豪渓という景勝地に行った。重森も、しばしばここで過ごしたという。巨石が山の上に屹立している。その下に渓流がある。水辺の岩には苔が生えていた。水の流れを見て確信した。彼は「自然」から美を学んだのだ。

友琳の庭（岡山県加賀郡吉備中央町）。作庭は1969年（昭和44年）

ふるさとの原風景が、重森三玲の美の出発点となった。

（『Straight ２００７年６月号』扶桑社）

というような取材をした。重森三玲は、故郷を出て日本画家を目指して上手くいかず、いや、日本画家というか実際は現代絵画のようなものを描いていたのだが、ともかく絵を描いていて上手くいかず、それから庭の研究で功績を残し、先ほども書いたが40代になって京都・東福寺の庭を作るチャンスを得た。

information

瑞峯院

臨済宗大徳寺山内の寺院。キリシタン大名で知られる大友宗麟公の菩提寺で、方丈は1536年に建てられた。庭園は1961年に開祖・徹岫宗九の400年遠忌に重森三玲により作庭された。

―

京都市北区紫野大徳寺町81。市バス「大徳寺」下車後徒歩約5分。拝観時間：午前9時～午後5時、拝観料：400円（大人）、300円（小中学生）

2 東福寺

重森三玲衝撃のデビュー作

東福寺方丈庭園の北庭

東福寺の庭園についても、先に引用した雑誌の取材の時に文章を書いたので、続けて引用してみよう。

京都・東福寺方丈庭園。それが作庭家・重森三玲のデビュー作だ。衝撃の庭である。正方形の石と、スギ苔が、幾何学的に並んでいる。西洋のチェスの台にも似た市松模様は、端にいくにつれてくずれ、まばらになっていく。この模様の規則は、どんな数式から生まれた形なのか、などと考えてしまう。またほかにも、正方形に刈り込まれた植木がある。これも市松模様になっている。

京都の寺である。なんの予備知識もない人が見たら、「江戸時代の人も、変わった庭を作ったものだな」と思うかもしれない。しかし、昭和の時代に作られたものだと聞き、二度目の衝撃を受ける。重森三玲とは、いったいどんな男だったのか。

龍吟庵南庭

東福寺には、ほかにも重森三玲作の庭がある。龍吟庵の庭は、砂と石で描かれた絵画である。建物の周囲に庭があるが、まずは南庭。白い砂だけの何もない庭だ。しかしその先、庭の端にある竹垣が稲妻の模様になっている。静かで、激しい。

次に西庭。ここではセメントの畝が輪郭線になって、白い砂、黒い砂に分けられている。黒い砂は、黒雲なのか。そこに石で象徴された龍がある。いくつもの石が寝そべり、立ち、斜めになり、ダイナミックだ。さらに東庭には、赤みがかった砂が……（同前）

と続いていくのだが、この東福寺について話を続けると、この寺はモミジの名所で、2000本ものモミジが植えられ、春は新緑に、秋は紅葉で赤く染まる。その境内に方丈庭園があり、先にも書いたが、正方形の石を市松模様に交互に並べ、その間の地面に苔を生やしている。石と緑の苔と、どちらが主でどちらが従なのかというわけではなく、ある時は石が、ある時は苔が主になるという、図と地の入れ替わりの騙し絵のようなところもある。しかし、石は硬いし重いので、まずは第一にそこにあるのは「石」であるということができよう。その石は、廊下に立って庭に向かうと、庭の左の方は、石とその隙間（＝苔）が、右左そして前後に交互にきちんと並べられている。その隙間にある杉苔が、山のように盛り上がっている。この庭が作られた当初は、つ

龍吟庵西庭

方丈庭園北庭

まり重森三玲の意図としては、石と同じ高さ程度の緑の面を作るというくらいの気持ちで苔を植えたようだが、環境がいいのかメンテナンスがいいのか、苔は高く伸び、石と石の間の地面から溢れるように盛り上がっている。それが石という無機物と、苔という生命体とのコントラストにもなって、こちらの目に飛び込んでくる。

この石の縦横の列は、庭の右の方に行くと、段々と減ってくる。歯が欠けるように、石のない地面が増えていく。これは、そもそも庭に並べる石の数が足りなくなったのか、と推測もしてしまうが、そうであったとしても、これが一つの「破れ」の美のようなものを生み出している。つまり、庭の右から左まで、全部が均等に並べられた石だと、ちょっとつまらない。石が並ぶ秩序が、だんだん破れてきて、パラパラパラと石の配置が散ってきて、最後は（右の端の方は）なくなっていく。庭の右端に立って、ここの庭を眺めると、今度は順序が逆になって、秩序だった石の配置が欠けていくのではなく、砂と苔の地面に石が現れて、奥にいくに従って石の数が増え、上下前後に秩序立って並んでいく。そんなふうにも見える。これが美しいバランスを生み出している。

これが東福寺方丈の北庭だ。

さらにこの東福寺方丈の建物に面した四面の庭は、それぞれ意匠を凝らしたものになっている。方丈の西にある庭は、サツキが四角形に刈り込まれている。植木の刈り込みというのは、しばしば目にするものだが、こんなふうに正方形に、しかも市松模様のスペースを空けて植えられているのを見ると、何の冗談かとユーモアさえも感じ

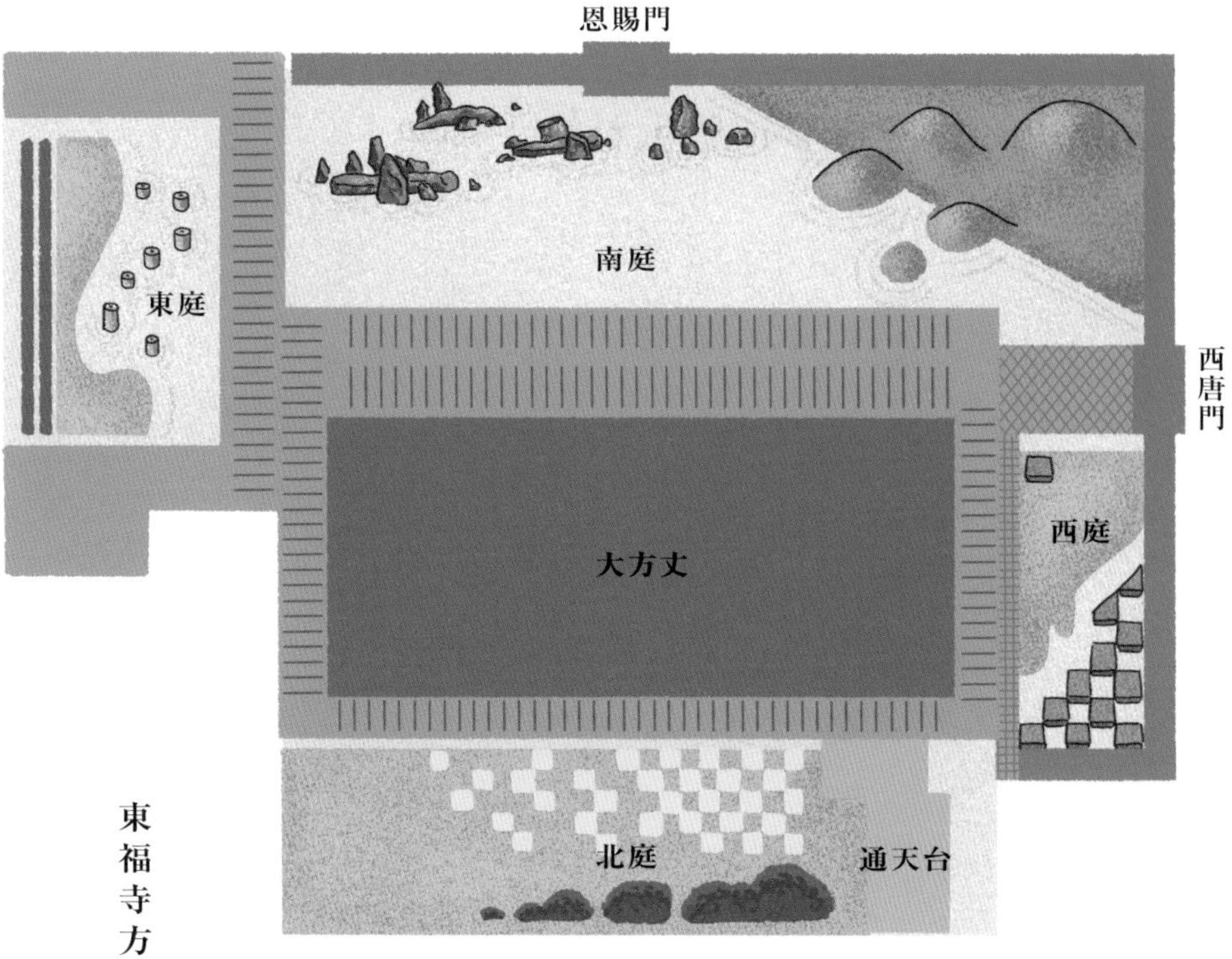

東福寺方丈庭園

てしまう。北庭と同じく、この西庭も市松模様になっているわけだが、このような図柄は桂離宮の襖をはじめ、障壁画などに描かれてきたものである。しかし重森三玲は、それを庭のデザインに持ち込んだ。こんな庭は、どこの日本庭園にもない。重森三玲が初めて創造したものだ。しかしその図柄自体は、特別に新しいものではない。日本の絵画によくあるものを、庭という別の世界に持ってきた。「創造」というのは、そういうものなのだろう。つまりゼロから何かを作るのではなくて、既にあるものを、別の場所（ここでは庭）に持ち込むことで、それまでなかった新しいものが生まれる。ここでは日本の絵画・デザインや抽象絵画にあったものを、庭という大地をカンバスにして展開した。これが、重森三玲が開拓したモダンの庭園というものなのだ。

　この東福寺方丈の西庭の市松模様は、庭全面ではなく、隅の三角形のスペースだけに追いやられたように並んでいる。これはこの建物の（かつての）入り口が向かって左にあり、入り口から入った時は、その市松模様が隠れて見えなくて、

サツキが四角形に剪定された西庭

入り口をさらに進むとようやく目に入る、という工夫によるためである。
なお、入り口の左手がこの西庭で、右手が南庭で、そちらも入り口を進むと、隠れていた庭の隅（そこには築山がある）が見えるようになっている。この南庭は大きな岩が配置された豪快な枯山水庭園で、その奥には北斗七星の形に配置された石もある（東庭）。ともあれ、この東福寺方丈の庭が、重森三玲の衝撃のデビュー作品となった。

南庭は豪快な枯山水庭園が広がる

information
東福寺

臨済宗東福寺派の大本山の寺院で、山号は慧日山。1236年に摂政九条道家により建立され、方丈庭園は1939年に重森三玲によって作庭された。方丈を囲んで四方に配置された庭は釈迦成道を表現し、「八相の庭」と命名されている。

京都市東山区本町15―778。JR・京阪「東福寺駅」または京阪「鳥羽街道」より徒歩約10分。または市バス「東福寺」下車後徒歩約4分。拝観時間：［4～10月］午前9時～午後4時、［11月～12月第1日曜日］午前8時30分～16時、［12月第1月曜日～3月］午前9時～午後3時30分、拝観料：［方丈庭園］500円（大人）

3

光明院

アニミズムを感じさせる庭

光明院波心庭。1939年（昭和14年）に作庭された

次に光明院《こうみょういん》の庭に行ってみよう。

ここは東福寺の塔頭寺院なので、東福寺のすぐ近くにある。白砂と杉苔の生えた地面が、海と大地の模様を描き、そこにたくさんの岩が立っている。

まるで岩が何かの生き物に化したかのような、アニミズム的な意志さえも感じる。それはまた大地に突き刺さった、空と大地をつなぐ楔《くさび》のようでもある。枯山水というのは、禅宗の庭で発展したものだが、このような庭は、もっと日本の古い歴史、それこそ縄文時代のアニミズムとかに通じるようなものがある。沖縄に斎場御嶽《せいふぁーうたき》という聖地があり、そこは巨岩が巨岩と支え合っている空間なのだが、そういうものにも通じる精神性を感じる。

光明院の庭の石は、どれも縦に長く、つまり立っている。石を立てるということは地球の重力の方向と一致するということだ。あるいは、石を立てるということは、空つまり天と、地を、串刺しにするようなものだ。宇宙と大地をつなぐ、というようなところもある。重森三玲の庭にはもちろん禅の枯山水を昭和に再現したものというスタンスであったのだが、しかし禅の庭ということだけではなくて、太古のアニミズムとも手を結ぶというようなところがある。

さて、枯山水の庭ということに話を戻したいが、枯山水というのは名前の通りで、枯れていて水がない、ということだ。白い砂で水を象徴して、苔の生えた緑のところが陸地であり大地で、それによって水の風景と大地の風景を表現する。そんな光明院には、これまで何度も通ったのだが、ある夏の日に大雨が降ったことがあった。その日は京都全域が激しい雨で、金閣寺の池の水が通路に溢れ拝観中止になったニュースも目にした。その翌日の午前に、光明院に行ったのだ。

光明院の庭は、白砂のところが窪地になっていて、苔の生えた土のところが、山というほどではないが盛り上がっている。その庭に大雨の水が溜まる。当然、低い白砂のところは水浸しになる。というか、浅い池になった。光明院以外の枯山水庭園というのは、地面にそのような凹凸のうねりはなく、比較的全体が平らになっている。龍安寺でも、大徳寺大仙院でも、地面が凹凸にうねっているということはない。高さが均等なので、雨が降っても、水がどこかに「溜まる」ということがない。ところが光明院は地面に高低差がある。単に築山があるということだけなく、庭に窪地があちこちにあるのだ。重森三玲は、光明院の庭で、土と苔による築山を作っていて、そこに盆地のような白砂の窪みがあるので、その窪みに水が溜まる。白砂によって象徴された水のある光景ではなくて、実際に水が溜まった池（というか風景としては海）が、そこに現れた。ほとんど奇跡的な光景だが、大雨の翌日の午前中、溜まった水が地面に吸い込まれて消える前に「水を湛えた」枯山水の庭を目撃することができたのだ。

下の写真のように、枯山水が「枯山水」ではなくて、本当の池になってしまっていたのだ。池になった水の面は、鏡のようになって、周囲の岩を鏡のように映し出してもいる。水が溜まることで、ただ水がそこにあるだけでなく、それまでなかった光景が現れてきたのだ。本来は、水のない枯山水の庭を見たときに、幻覚というほどではないが、想像力の世界でそこに水があると眺める。ところがその時は、本当に水があった。言ってみれば、これが枯山水の理想的な風景、こういうものであるはずの風景なのだが、想像することなしで目の前にある現実として体験する機会を得た。ここに溜まった水は、数時間後には消えてなくなってしまう。庭は家の外、自然の中にあるから、雪が降り積もった光景などを見せてくれることもあるが、それ以上に豪雨によって庭が水浸しになった枯山水の光景というのはなかなか珍しい。しかし、なぜこの庭に水が溜まったのかといえば、重森三玲による地面の凹凸を作った庭だから、ということはできる。どこの庭でも、大雨になれば水が溜まるというわけではない。

こんな光景を撮った庭の写真というのは、ほとんどないと思うが、京都に何度も通っていると、たまたまこういう光景に出くわすこともあるのだ。

水を湛えた光明院波心庭

information

光明院

臨済宗東福寺派の寺院、通称は「虹の苔寺」。1391年（室町初期）に東福寺の塔頭として金山明昶によって創建され、庭園（波心庭、雲嶺庭）は1939年に重森三玲によって作庭された。波心庭は「光明」にちなみ、大海を表す白砂に浮かぶ三尊石組を基点に、立石が斜線状に並ぶ。

京都市東山区本町15－809。京阪「鳥羽街道駅」より徒歩約5分。またはJR・京阪「東福寺」駅より徒歩約10分。拝観時間：午前7時頃～日没頃まで（季節により変動）、拝観料：500円

4 重森三玲庭園美術館

大地に描いた絵画

かつての自邸、
重森三玲庭園美術館

最後に、京都にある重森三玲の庭で、もう一つ取り上げてみることにしたい。彼の住居をそのまま美術館として公開している、重森三玲庭園美術館だ。

これは京都の吉田神社の近くにある。重森三玲の自宅だった建物、そこにある庭だ。ここでも先の引用の続きで、以前に書いた文章を引用してみたい。

千年の都・京都に、新しいスポットが現れた。昨年9月にオープンした重森三玲庭園美術館だ。重森三玲は昭和の作庭家である。住まいがあった京都を中心に、故郷の岡山、それに大阪や、さらには長野や関東にも庭を残した。その作品数は200を超える。

重森三玲庭園美術館は、彼の旧宅書院庭園をそのまま美術館として公開したものだ。しかし、ただの「芸術家の家」ではない。その庭は重森自身によって作庭された。彼が設計した茶室もある。美術館自体が、重森三玲の作品であり代表作でもある。

重森三玲が、江戸時代に建てられたこの家を入手したのは、昭和18年のこと。以来、亡くなる昭和50年まで、この家に住んだ。昭和28年に茶室が作られ、昭和44年には新書院が加わった。庭は生き物だ。この庭に石が運ばれ、その配置が決められたのは数日という短い期間であったというが、毎日の「手入れ」によってこの庭は生き続け、その美は進化した。私たちは、ここで、彼の生活の息づかいと、その美学に触れることができる。

この旧重森邸である美術館が、他の作品と最も違う点は、ここだけはクライアントがいない、ということだ。他人からの何の口出しもなく、自分と家族のためだけに作られた。この家は、重森三玲が日常いた場所である。朝に見て、夕方に見る。そんなふうに見続けても飽きない庭。金のためでもない。頼まれたからでもない。好きだから、こうした。そんな美に満たされている。見ていて、安らぎが伝わってくる庭だ。

この庭を眺めるポイントを一つ。庭木には美しい花が咲く。しかし注目してほしいのは、石組みや地割の構成。ある時、写真家が庭を撮影する際、椿の花弁が落ちていると、重森はわざわざそれを退けたという。庭に花はいらない。花は床の間に生ければいい。庭は「作られた」空間であるべきだ。それが重森の考えだった。

ここには重森三玲の美のエッセンスがすべてある。庭がある。建築がある。

そして襖絵や書もある。新書院「好刻庵」の、琳派を思わせる波の描かれた襖。桂離宮に似た市松模様。

これが昭和か、と思わせられる。いや、これが昭和なのだ。昭和の時代に、こんな美を生み出した天才がいた。昭和を代表する美の天才は、岡本太郎や池田満寿夫ではなく、重森三玲なのかもしれない。（同前）

旧重森邸である重森三玲庭園美術館は、そんな庭を私たちに見せてくれる。この建物や庭について、もう少し書こう。

この、庭を正面に眺める部屋の天井には、大きな提灯のような照明がある。これは彫刻家のイサム・ノグチが、重森三玲と交流があって、その縁でこの部屋に合わせてデザインしたものである。モダンアートの巨匠と重森三玲。こんなところにも重森三玲の美学である「昭和モダン」という美が息づいている。

最後にもう一つ、まとめてとして重森三玲について書いた文章を引用してみたい。こうだ。


重森三玲の思想を語るのに、どうしても引用したい言葉がある。千利休の「花は野にあるように」だ。これは普通、床の間に花を生けるときなどは「野にあるように」、つまり自然な感じが出る

庭を正面に臨む部屋

ように生けなさい、という意味だと解釈される。

しかし重森三玲は、まったく逆の意味だと考えた。あの時代、「花」といえば山桜のことだった。山桜は、レンゲ畑みたいな「野」には咲かない。山の、森の木々の間で咲く。つまり本来、花は野にはない。それを「花が野にあるように」という。これはつまりフィクションを作れ、抽象化しなさい、ということだ。

庭も同じだ。重森三玲はそう言う。たとえば海岸を模した洲浜。そもそも自然の海岸は何百万坪もある。それを五十坪ほどの庭に移すには、抽象化をしないといけない。重森の言葉によれば「日本の庭園は自然主義だなんて解釈するのは錯覚で、古い庭ほど抽象化されている」となる（遺稿『庭と私』より）。

アバンギャルドな庭。モダンな造形。そんな重森三玲の庭だが、一方でそれは、本当の「古い庭」のエッセンスとぴったり重なるものでもあった。

１８９６年、岡山の田舎で生まれ、美術を学ぶために東京に出て、関東大震災で被災し岡山に戻り、それから京都に出て作庭家となった。東福寺や大徳寺という第一級の寺の庭も手がけ、岡本太郎、イサム・ノグチという同時代の芸術家とも交流した。しかし造園業界のしきたりから外れ、そもそも「庭」が芸術とはみなされない時代を生きたがゆえに、その才能に相応しい評価は得られずに死んだ。

そもそも昭和の美は、昭和という同時代の中にあっては見えにくい。しかし昭和は遠くなり、過ぎ去った時代として眺められるようになった。私たちが子供の頃に見た風呂場のタイルやすりガラスも、いまや懐かしいものとなった。そんなとき、重森三玲の造形が新鮮に見えてくる。

天才は忘れた頃にやってきたのだ。（同前）

というような重森三玲の庭園の美について、この章では書いてみた。

この後は、夢窓疎石《むそうそせき》の庭、桂離宮の庭、そして龍安寺の庭と、日本を代表する庭園の話へと移っていく。その前に、なぜこの本をそのような構成にしたのかを、ここで書いておきたい。つまり、「重森三玲→夢窓疎石→桂離宮→龍安寺」という章立ての順序にしたのか、ということについてだ。結論を言ってしまうと、ここで論じる庭の

「庭園とは大地に描いた絵画である」と語った重森三玲自邸の庭（重森三玲美術館）

見方のキーワードは二つあって、一つは地球（＝大地）、そしてもう一つは宇宙（＝空）ということだ。ここで整理してしまうと、

・地球の庭……………重森三玲、夢窓疎石
・宇宙の庭……………桂離宮、龍安寺

となる。

この章で取り上げた重森三玲は、「庭園とは大地に描いた絵画である」と言った。ここには大地（＝地球）という場への眼差しがある。また重森は、庭石を「立てる」ことで大地と空をつなぎ、しかもその「立てる」ということはまさに地球の重力の軸線

と深く関係するものである。重森三玲の庭には、地球や大地ということに対する眼差しがあった。

次の章で取り上げる、室町時代の作庭家・夢窓疎石の庭にあったのも、同じく大地（や地球）を庭に取り込む、ということだった。そしてその先にあるのが、桂離宮や龍安寺の、宇宙と対話するような庭。

無窓礎石、桂離宮、龍安寺の庭は、どのような庭なのか。それを次の章から書いていくことにしたい。

三玲《ミレー》が描く　大地の絵

information

重森三玲庭園美術館

神官の邸宅を1943年に重森三玲が譲り受け、江戸期に建てられた主屋と書院に、2つの茶室と書院前庭・茶庭・坪庭を重森三玲自身が設計した。2005年より書院と書院前の庭園、茶室を重森三玲庭園美術館として公開している。

京都市左京区吉田上大路町34。市バス「京大正門前」下車徒歩約5分。開館時間：見学は予約制、午前11時～、午後2時～。月曜休館、水曜不定休館。予約はメールまたは電話で行う。［入館料］1000円～（大人）

iii

思想の庭

哲学を込めた

夢窓疎石

1 夢窓疎石

京都の庭のパイオニア

夢窓疎石《むそうそせき》は、鎌倉時代末に生まれ室町時代に活躍した作庭家だ。

日本庭園といえば、まず京都の庭を第一に連想するが、その京都の庭園スタイルの原型を作った人物だ。京都の庭園の作者として最高レベルの庭を作り、かつ歴史的な順序としてパイオニアであると評価できる。

では、夢窓疎石の庭は、どのようなものなのか、どのように素晴らしいのか、この章では、夢窓疎石の庭へと旅して、そういうことについて考えてみたい。

とりあえず結論じみたことを言うと、日本庭園は二つのタイプに分けることができる。一つは「哲学の庭」で、もう一つは「デザインの庭」だ。

哲学の庭というのは、庭と向かい合うことで精神を磨いたり、あるいは宇宙とか生命とか人生といったものを瞑想したり思索するための場としての庭である。禅宗の枯山水庭園などを見て、何かインスピレーションを得たり、いろいろ考えたりする経験をした人も多いかと思う。これは「宗教の庭」と言ってもよいが、しかし特にその寺院の宗教の信者でない人にとっても大切な庭であるので、ここでは宗教でなく哲学という用語を使うことにする。

そしてもう一つデザインの庭だが、ここでいう「デザインの庭」というのは、美しいとか、おしゃれとか、そういうことを感じられるようにできている庭のことだ。「美を感じる庭」といってもよい。

日本庭園の歴史の順番でいうと、初めは哲学の庭とでも呼べるタイプのものが作られて、その後に、哲学性とか、思想性などの意味合いが薄れてきて、ともかくおしゃれで美しい庭が多く作られるようになってきた。哲学の庭は、鎌倉末期から室町時代に活躍した夢窓疎石の庭がその代表的なもので、デザインの庭は、特に江戸時代の小《こ》堀遠州《ぼりえんしゅう》などが作った庭に見ることができる。

というわけで、作庭家としては、夢窓疎石が哲学の庭・思想の庭を作った代表ということになる。もちろん、夢窓疎石の手がけた庭も、美しい庭でもあるが、何より深い哲学や思想、世界観が込められている庭なのだ。

では具体的に、夢窓疎石の庭は、どういうものなのかを見ていくことにしよう。

夢窓疎石は、1275年に伊勢国（三重県）で生まれて、1351年に亡くなった。夢窓国師と呼ぶこともある。鎌倉幕府が滅んだのは1333年だから、夢窓疎石59歳の時である。彼は73歳で亡くなったので、いわば大成してからは室町時代に生きた、ということになる。

彼の庭の中で代表的なものをいくつか取り上げることにするが、鎌倉時代のものには岐阜の永保寺《えいほうじ》（40歳の作）、鎌倉の瑞泉寺《ずいせんじ》（53歳の作）、山梨の恵林寺《えりんじ》（56歳の作）などがある。鎌倉時代末期のものだが、夢窓疎石の庭としては前期のもの、といえる。どれも京都ではなく地方の寺院に残された庭だ。それに対して室町時代の庭には、西芳寺《さいほうじ》つまり苔寺（65歳の作）や天龍寺《てんりゅうじ》（71歳の作）など京都市内にある。年齢的にも大成したというか出世した後には、京都の大きなお寺の庭作りを行ったということである。特に世界遺産でもある天龍寺は、庭だけでなく、天龍寺の創建そのものを行った。

　この本は「京都の庭園」について書いているものだが、夢窓疎石の京都市内にある庭がどういうものかを知るには、それに先立つ前期の仕事もわかったほうがよい。とくに岐阜の永保寺と鎌倉の瑞泉寺が、夢窓疎石が庭作りというもののスタイルというか方法論を掴んだものであるということで、実はこの二つの庭が最も重要だ。夢窓疎石の庭の構造・スタイルが露わに見えるので、永保寺と瑞泉寺、これがすごい庭だとわかってもらえたら、あとは京都にある夢窓疎石の庭は、その見方で向かい合えば良いので、ここではまず京都外にある庭ではあるが、岐阜と鎌倉にまず旅してみることにしたい。

　夢窓疎石は若い頃、庭を作らなかった。では何をしていたのかというと、職業的には僧侶だった。つまり仏教徒だったので、ずっと仏教を学んでいた。仏教の修行をしていた。10代から出家をして、仏教思想を深めて、仏教思想を体得したところで、それを具体的に体現するものとして庭というものを作った。なので、庭を作り始めたのは年齢的には遅いスタートだったが、そのような生涯で、永保寺・瑞泉寺で庭作りのスタイルを獲得した。だからこの二つの庭を知ることが夢窓疎石の庭を知る鍵になる。苔寺や天龍寺は、既に行かれたことのある人も多いかもしれない。有名な庭でもあり、年齢的には後なので「完成度」という点では高いが、若い時に作った庭には、荒々しい骨格が持っている力強さがある。まずは永保寺・瑞泉寺から書くことにしたい。

2

永保寺

自然の岩山をいかした庭

岐阜県多治見市にある夢窓疎石初期の庭園・永保寺

永保寺《えいほうじ》は、岐阜県多治見市の虎渓山《こけいざん》というところにある。大きな川が流れる水量豊かな土地で、夢窓疎石の庭も、その水を取り入れて作られた。この庭は、彼が自身の庭のスタイルを掴んだ、実質的なデビュー作と考えてよい。この庭を作ることで、夢窓疎石は「作庭家・夢窓疎石」となった。

後で書くことになるが、西芳寺（苔寺）は、庭が、水のある庭と、山の斜面に岩が剥き出しになった、枯山水の原型ともいえる二段構成になっているのだが、なぜか。なぜ夢窓疎石は、枯山水のような、いや枯山水どころではない荒々しい岩山のようなものに魅せられたのかということを、自分も、永保寺の庭を見て、初めてわかった。彼はいつからそのような庭作りのアイデアを得たのか、実は「はじめから」であったと、永保寺の庭を見て、知った。夢窓疎石は、永保寺の作庭をしたとき既に、岩山の美に魅入られていたのだ。

永保寺の立地を地図でみると、土岐川の沿岸の土地にあり、敷地の真ん中に大きな池がある。池の傍に六角堂という建物があって、その横には永保寺観音堂という国宝の建物がある。

実際に池の端に立って、六角堂を見てみよう。このお堂は、水辺に立っているのではなく、池に面して切り立った高い崖にある。その崖の岩山の上に建っているのが六角堂なのだ。永保寺の庭を見た時の、いちばんのインパクトは、この池と、その向こうにある荒々しい岩山、その岩山の崖の上に立つ六角堂という光景にある。平面図で庭を見ると、平面であるが、実際に庭の前に立つと、そこにあるのは立体的な切り立つ山の空間なのだ。その岩山を前に、池が水平な面を作っている。

しかも、六角堂の横から水が飛沫をあげて滝となり、池へと落下している。滝の水は池の面を叩き、ビシャビシャビシャビシャと大きな音を立てている。かなりの迫力だ。

池があり、池の向こうに岩がある。これは後で書くが、西芳寺（苔寺）の庭の構造と同じだ。夢窓疎石は、この庭を作ることで、何か作庭にとって大切な、

六角堂のある岩山の上から池へと落ちていく滝

根幹のようなものを掴んだのかもしれない。岩山と滝、そして池との組み合わせ。岩山と池がバーンとぶつかり合っている。そこに滝が落ちている。岩山自体も荒々しいが、そこに水を引いてきて滝の水を落とす。それは今風に言えば、テーマパークの造成のようでもある。

この庭は、どのように作られたのか。庭作りというと、まず更地があって、そこに図面をひき、池を作り、岩を配置し、水を引いて滝を作る。植木を植え、苔を敷き、出来上がる。そんなふうに作られるものだが、この永保寺には、まず自然の岩山、崖があった。夢窓疎石は、その山の頂上に水を引き、滝を作り、池を作った。つまりここには、大自然と人工物が混在している。建物は、もちろん人工物だが、滝と池も、自然にはなかったものを、そこに現出させた。一方、岩山は、作庭家が岩を運んできたり、山肌を削ったりして露わにしたものではなく、初めから自然物としてそこにあったものだ。夢窓疎石は、まず自然の岩山の存在と向き合い、その圧倒的な存在感を使って、そこを「庭」にした。

永保寺の庭は、浄土式庭園だ。浄土式庭園とは、平安時代以降さかんに作られたもので、極楽浄土つまり楽園の風景を表している。池の対岸にある仏堂に阿弥陀如来像などが安置され、朱塗りの反り橋がかけられ、手前のこの世と、仏堂のあるあの世をつないでいる。永保寺の庭も、この形式に則っていて、池にかかった橋の向こうに、観音堂がある。

つまり永保寺の庭や境内の配置は、平安時代に考えられたものを継承しているだけである。

しかし岩の位置や池の形、滝のサイズ感などは、夢窓疎石のセンスが新たに生み出したものである。池の中に、岩が配置され、水面から頭を出している。この構図も絶妙なもので、その向こうにかかる橋、御堂、そして崖から落ちる滝も、バランス良い空間を作っている。こういう光景を見ると、夢窓疎石は仏教の修行で鍛えた思想を庭として体現したという以前に、造形感覚に優れた美的バランスの持ち主であることがわかる。庭作りにとってまず必要なのは、美的バランスのセンスなのだと教えられる。拝観した順路に沿って、具体的に辿ってみよう。

まずは門を入り、池がある場所に向かっていく。何より、この庭の光景のクライマックスは、池とその向こうにある崖なのだ。……池が見えてきて、観音堂も見えてくる。その屋根の上あたりに、崖上に建てられた六角堂も見える。そんな光景を見ながら、この庭は、夢窓疎石（ほぼ）デビュー作なのだと改めて思う。彼の傑作の庭リストの中では、最初の庭になる。池の淵は、石を積んで囲んでいる。少し歩いて視点が移ると、遠くの方に滝の水の白い飛沫が見える。その滝がよく見える場所に向かって池の周りを一周するように進む。池は、太鼓橋で二分されていて、滝のある（＝動きのある）池と、もう一つ静かな池だ。門から入った順路では、まず静かな池が目の前に開け、太鼓橋と観音堂が池の対岸に見える。静かだ。

さらに歩みを進める。池をぐるりと回って、橋の入り口に立つ。池の周りには紅葉《もみじ》などが植えられ、池を見る視界が時折遮られる。しかし橋の入り口に立つと、視界が開ける。橋の左奥に、滝も見える。橋は、この世からあの世に向かう、浄土の庭の橋だ。橋の向こうは浄土だが、その光景を縁取るように、滝の白い水が、池の対岸に見える。庭が作られた当時の技術を考えながら、これは大テーマパークのように作られた光景だと考えたりする。圧倒的な迫力のある、崖と滝と池と建築物だ。現代のテーマパークを知っている我々の目から見ても、ものすごい迫力の庭だ。夢窓疎石が、まだ若かった頃の作で、その若さのエネルギー、芸術家かつ宗教家で思想家の力強さを、滝の水のほとばしりに重ねて感じたりする。

橋を渡ると、国宝の観音堂が目の前に立っている。この庭は浄土式庭園だから、橋を渡るというのはこの世からあの世へと歩むということでもある。その先にあるのは「極楽」だ。観音堂は、屋根の端がピンピンと上がっていて、そこに活気や、形の生命力を感じる。その躍動感は、これが作られた鎌倉時代の人たちの生き様を表しているな、と思いながら眺める。

そこから視線を左にやると、滝の水が間近で飛沫を上げている。その音も大きい。ちょうど、躍動的な造形性のある建築の前にいるせいで、その滝が作り出す音の響きにも、活気がより増して耳に届く。

そのザワザワと音を立てて落ちていく水を、ここでは近くから見えるので、その滝

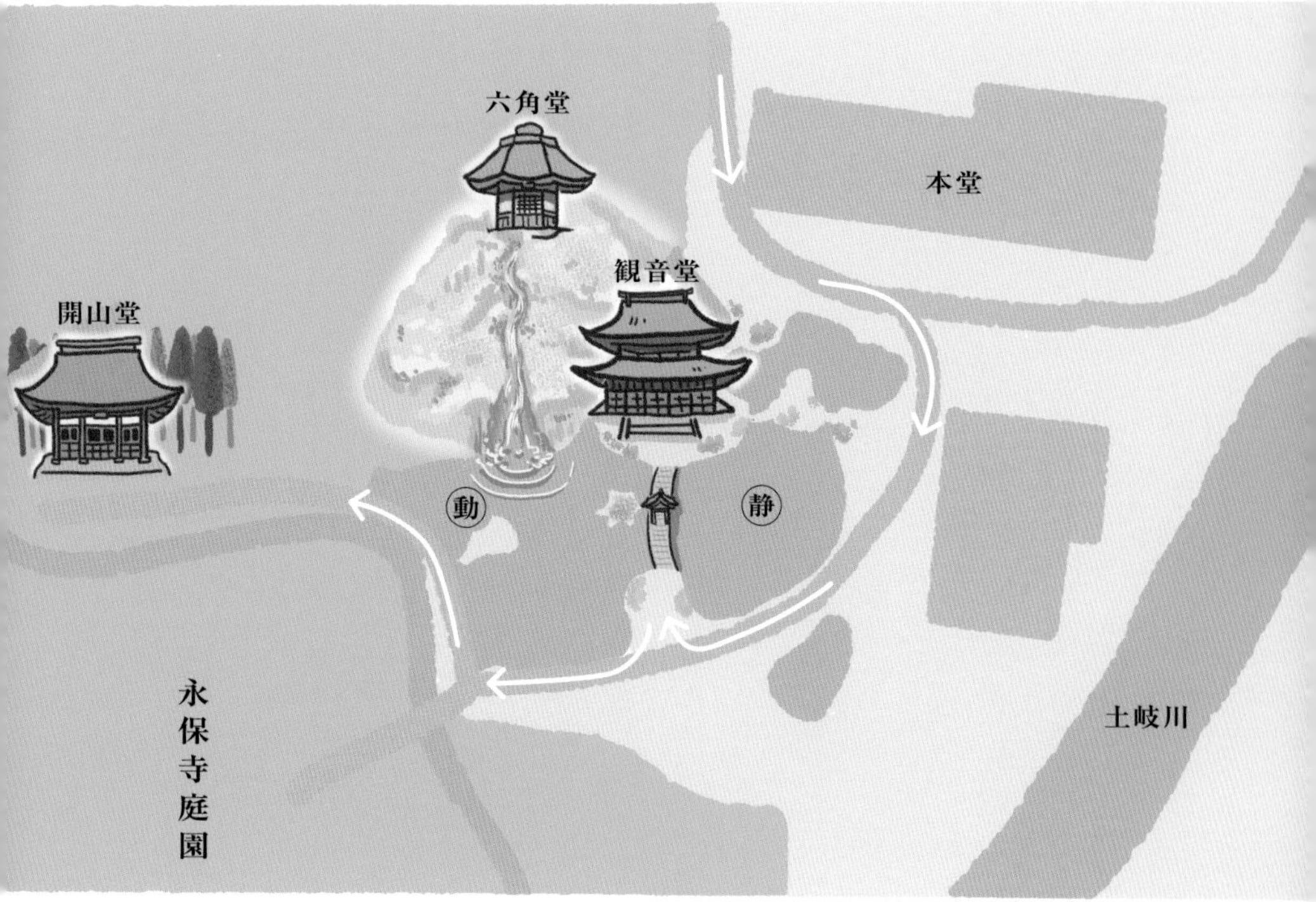
六角堂
本堂
観音堂
開山堂
動
静
土岐川
永保寺庭園

が池の水面に落ちたところを見ると、滝の水が起点になって、池の面に放射状に波が広がっているのに気づく。滝に対して、静かな波のない池かと思えたが、この地点から見ると、池もまた、動きと生命感に満ちている。そうか、庭園の滝は、波紋を作り出す装置でもあったのだと、夢窓疎石はそんなことも計算して、この庭を作ったのかと考えてみたりする。その日は雨が降っていたので、水量がいっそう多く、落ちる滝の水の勢いは、凄まじい迫力だった。

滝の背後にある岩山は、岩肌が荒々しく、垂直に屹立した面になっているが、これは人工的に作ったものではなく、庭を作る前からそこにあった自然の崖だ。それに対して、建築や橋、それに池も人工的に作られた。そこに、自然と人工というものがぶつかり合っていて、これがまさに「庭」だと思わせられる。つまり庭は、家の外にあって、雨や暑さ・寒さなどの天気などとも関係しているもので、自然とは切り離せないものだ。しかし人工的に作られた場でもある。そこでは、自然と人工がせめぎ合っている。夢窓疎石は、庭というものを、単に人工の空間にするのではなく、しかも天気などの自然と、さらには自然の岩山も使って作ったのだ。

さらに、庭の周囲をぐるりと回るように先に進む。滝の水が落ちる岩の山が、目の前に近づいてくる。池が一望でき、その広い水面の向こうに橋が弧を描き、観音堂の屋根が、そこに見える光景の、構図の中心点になっている。

永保寺の庭を作ることで、夢窓疎石は何を考えてその後の庭を作ろうとしたのかがよくわかる。ここに日本庭園のドラマチックな誕生となる原型がある。この永保寺の庭を作庭した時点で、夢窓疎石は「庭を作る」というのがどういうことなのか、それを明らかに掴んでいる。「庭はこのように作れ」という一番大事な本質的なことを掴んでいるし、僕も、この庭に行くことで夢窓疎石の庭のエッセンスみたいなものを教えられた。ここで掴んだ庭の見方、庭の作り方ということを、その後の京都の庭作りに生かしていったのだ。

自然の崖に　滝落とす

information

永保寺

臨済宗南禅寺派の寺院で、山号は虎渓山。1313年(正和2年)土岐氏の招きを受けた夢窓疎石が開創し、池泉回遊式庭園も作庭した。現存する開山堂と観音堂は国宝に指定されている。虎渓山の名称は中国廬山の虎渓に似ていることによるといわれている。

岐阜県多治見市虎渓山町1丁目40。JR多治見駅北口より東鉄バスに乗車して「虎渓山」下車後徒歩5分。またはJR「多治見駅」より徒歩約30分。入山可能時間：午前7時～午後5時、拝観料：無料

3 瑞泉寺

閉鎖空間から広がる世界へ

鎌倉にある夢窓疎石初期の庭園・瑞泉寺

次は、さらに京都を離れて、鎌倉にある瑞泉寺《ずいせんじ》の庭園について。

瑞泉寺は、鎌倉の北西の方にある寺院で、その庭は地味だし小さいし「何が良いの？」と思われるところがあるかもしれない。しかし、夢窓疎石の庭園の美学・手法を知る上で欠かすことのできない、とても重要な庭だ。とくに、晩年に作庭した京都の大寺院である天龍寺や西芳寺（苔寺）の庭が、どのような構造から成り立っているかを知るには、欠かすことのできない庭園だ。ここの庭園は、「夢窓疎石の庭の原点というものが、ここにあったのだなあ」と思えてくる、庭の美を知る鍵ともなる庭なのだ。

先ほどの永保寺の、崖と滝と池がぶつかり合うような構造というのは、まだ、若々しいエネルギーが生み出したというようなものだけでもあるが、この瑞泉寺は造形的に「庭というものは、こういう構図で作れ」という核を夢窓疎石は掴んだ、というところがある。

この庭は、写真で見ると、鎌倉の山によくある、切り通しの崖の風景と変わるところがない。

崖に穴が開いているが、このような防空壕のような洞穴は、鎌倉の他の崖にも散見できるものだ。この洞穴の手前に池があり、そこに橋がかかっている。まっすぐな橋と、やや虹のようなアーチの橋だ。この辺りはあるがままの崖というものではなく、庭として造形されたものであるとわかる。しかし、これを見ただけでは、なかなか庭として感動はしない。感動はできないかもしれないが、しかしもう少し、この庭の作りについて説明をしてみて、それで凄い庭だとわかっていただけたらと思う。

まず瑞泉寺がある場所だが、鎌倉の中では、海から鶴岡八幡宮に伸びる道があるが、ここを北に鶴岡八幡宮に向かって進み（JR鎌倉駅からも同じ）突き当たったら右に曲がり、どんどん（西北の方向に）進むと瑞泉寺がある。瑞泉寺の境内というか見取り図は、寺院の建物があり、その北西が山になっていて、そこに瑞泉寺一覧亭という建物がある。つまり裏山の頂上に、小さな建築物があるのだ。

この図式が重要だ。つまり、この後に取り上げる京都の西芳寺の配置と、まったく同じなのだ。池があり、その近くに建物があり、またそれとは別に裏山がありそこにも建物がある、という構図だ。

瑞泉寺の門近くに、寺の鎌倉市が作った案内板がある。建立は1327年、開山は夢窓疎石（夢窓国師）とある。鎌倉幕府は1333年に滅びたから、鎌倉時代の末期に作られたものだ。「開山の夢窓国師は、後醍醐天皇や足利尊氏にも深く帰依し、鎌倉

〜南北朝期に禅宗で重きをなした僧です。作庭にも才を発揮し、昭和四五年に発掘、復元された仏殿背後の庭園は国師の作として、国の名勝に指定されています」ともある。

先の岐阜の永保寺、そしてこの鎌倉の瑞泉寺は鎌倉時代の作で、鎌倉幕府滅亡とほぼ時を同じくして夢窓疎石は上洛し、以後、京都の大寺院の庭を作った。いわば岐阜や鎌倉にある地方の寺の庭は、後から振り返れば、夢窓疎石の作庭の「実験の場」であり、その成果が京都で花開いた、ともいえる。しかしその造形の秘密・本質は、実験の場にあるもので、先の永保寺と、この鎌倉の瑞泉寺の庭を見ることで、夢窓疎石の庭の美の核心が見えてくるはずである。

さて、瑞泉寺の庭だ。

ほぼ埋もれていて、夢窓疎石の作庭の跡形もわからないほどの庭が、発掘・復元されたのは1970年、昭和の中期のことである。発掘によって、窪んでいる土地は池だったのだろうと水が入れられ、池の境界と思われるところには石が並んでいて、池の形が縁どられていた。

門を入り、石段を登っていくと寺院の建物があり、その背後に山の崖に面した池のある庭がある。池の手前に生垣があり、拝観者はその先には行けず、立ち入り禁止となっている。つまり、庭の全景を遠くから眺めて終わりなのだ。この庭の崖の横に、山頂へと登る細い道（石の階段）が作られているが、滑って転んで事故が起きないようにという理由からだろうが、入ることはできない。ガイドブックの写真などには、その裏山への道、そして頂上に一覧亭がある。長年、そこに入ってみたいと願っていたのだが、この本を書くための取材としてお願いしたら、お寺からご配慮で許可をいただき、立ち入り禁止のその先の庭に進むことができた。

庭の崖や池を正面に見て、左手に橋がある。その橋を渡ると、山の谷間のところに石段があって、そこから山に登れる。瑞泉寺の庭は、崖に面しているから視界が遮られ、その先の風景はみえない。しかし、この裏山を登って、いちばん高い場所にある一覧亭まで行くと、視界がぱっと開け、なんと遠くにある富士山の姿までも見ることができる。つまりこの庭の構造は、池と、枯山水のような岩の対比というものがあるが、それだけでなくて、池がある山の麓は「閉鎖空間」で、そこの岩壁には洞窟もあり、その中に入ろうものなら（そこは座禅を組んで精神修養をした場所でもあったが）、さらに閉鎖空間の度合は増す、となる。それに対し、山を登っていくと風景がバーンと開けて、鎌倉の都の風景が見えるだけでなく、鎌倉のさらに遠くにある富士山までも見えるという、閉鎖空間とコントラストのあるものになっている。

このように、遠くまで一望できる場所の設定というのは、例えば京都の清水寺の舞台からの眺めも同じで、そういったものの一つの原型といえる。現代においても塔（東京タワー他）や高層ビルからの眺めを愛する人がいるが（自分もその一人）、そういう、大地を遠望するという装置は、この夢窓疎石の一覧亭から始まったということもできる。

夢窓疎石は、大地を、地球の光景の広がりを、庭というものに取り入れたのだ。
しかも単に遠くを眺めるだけでなく、山の麓には、それと対比するような閉鎖空間も作った。この二つの組み合わせが、夢窓疎石の庭の基本構造として、この鎌倉の瑞泉寺で現れたのだ。これがその後の夢窓疎石の庭の造形の出発点となった。

瑞泉寺の庭は、発掘され整備されてはいるが、その庭の前に立った時、目に映るのは、小さな地味な庭である。しかしこのような「庭の構造」を頭の中で思い描きながら、目の前に見える崖や池や橋を眺めてみる。そうすることで、夢窓疎石が思い描いた庭の美を、脳裏に思い浮かべることができるだろう。その時、この庭の面白さが見えてくる。

さて一覧亭へと続く坂道へ戻ろう。取材ということで、瑞泉寺より特別な許可をいただいたので、池にかかった橋を渡り、石段を登る。これは山の岩を削って階段を作ったものだ。その先には、土の坂道が続く。

山の上に聖地があるというのは、そもそも古代ギリシアの神殿などでも見ることができるものである。パルテノン神殿をはじめ、エーゲ海のエギナ島にあるアファイア神殿などは、小高い山の頂上に建てられた。そこからは麓の景色を俯瞰するように見ることができる。それが日本でも、夢窓疎石によって作られていたというわけだ。

瑞泉寺の裏山の坂道を登る。寺には、こんな地図の看板もあった［下写真］。この山に、ミニ登山をするのである。

岩山を削って作った階段を登り、山の上へ

寺の看板

偏界一覧亭
瑞泉寺庭園
庭園
地蔵堂
本堂
山門
錦屏晩鐘

少し登ると、眼下に池と橋が見える。土の道があったり、岩があったりする坂を登っていくと、視界も開けてくる。感覚としては、ほぼ登山だな、とやはり実感する。そのルートを圧縮して10分ほどで登山をしている（その登山を体験している時の心の動きの）気分である。つまり庭というのは、ある景色を作り出すとか、精神修養であるだけでなく、それは身体的な経験でもあるのだ。歩いていく中で足も疲れてくる。そうすると、自分が身体という制約の中にいる存在であることに気づいてくる。人間とは、心の主でもあるが、同時に身体的存在なのである。呼吸も苦しくなってくる。山道を登ることで、身体との格闘だけに思いが集中してきて、それ以外の思い、邪念のようなものは消えていく。いや邪念などに関わっている余裕がなくなっていく。昔の山伏の修行というのも、こういうものだったのだろうと思う。夢窓疎石の庭の構造は、池がある閉鎖空間と、その背後にある山からの開けた眺望にあると考えていたが、実際に歩いてみると、「歩かせる」ということそのものに意味があったと気づかされる。

石の段は、かつて多くの人が登ったのであろう。靴によって角が削られ、より滑りやすくなっている。雨の日にこの坂を登るのは、けっこう危険なのではと思う。逆に、「危ないな」という意識を持って、細心の注意を払って歩かないといけない。より一層、「歩く」ということ、「足の運び」ということに意識が集中し、他のことを考える余裕がなくなってくる。

このような庭は、歩くことで身体感覚が目覚めるが、同時に自然への眼差しも目覚めてくる。鳥の鳴き声や風の音、太陽の光、木影、葉の緑、土や石、そういう人工的な室内空間では感じられない自然の気配のようなものへ、目や耳が開かれてくる。坂道を登り、頂上に近づくと、道端に岩の祠のようなものがある。そう、ここは只の山の坂道ではなくて、作られた庭園の一部なのだ、と改めて気がつく。そして山の頂上に着く。

一覧亭は茶室のような、東屋《あずまや》のような、小さな建物だ。この建物の前に立つと、眺望が開けている。眼下に鎌倉の町並みが広がり、その向こうに低い山が、さらにその先に富士山が（晴れていれば）見られる。山を登り、その山の周囲にある大地の広がりを眺め、富士山さえも見られる。地球を一望している、という気持ちになる。

閉鎖空間の山道を登って、その先にある頂上でバーンと視界が開ける。悟りとは、このような気持ちなのかと思う。登山をしても同じ体験はできるだろうが、ここではそれが10分ほどの山登りで味わえ、その心の軌跡を凝縮した形で体験できる。まさに庭である。

そして、また来た道を戻る。坂道を下っていくと、瑞泉寺の庭園や寺院の建物が目に入る。鎌倉の町並みを一望した目には、この庭園を俯瞰しても、同じくそこにもう一つの世界、人々が暮らす町並みではなく、理想の光景として作られた池と橋の世界が目に見えてきて、再び新しい悟りの気分のようなものに包まれる。

山道を降りて、崖の前の池と橋の前に立つ。ついさっき見た、富士山の記憶を脳裏

一覧亭のある山の頂上から鎌倉の町並みを望む

に浮かべ、それと目の前の庭を二重写しにしてみる。「自分たちは、すごい小さい世界にいるのだなあ」と、閉鎖空間の庭と自分が生きている環境を重ねてみる。しかし、そのはるか彼方には、どーんと広がった世界がある、というようなことが見えてくる。

改めて眺めると、美しい庭である。そして庭というものの概念、つまり、ある敷地を区切って、そこに人工的な空間を現出させるというものが庭だとしたら、夢窓疎石の庭はそれとはまったく異なり、既にある自然の岩や崖や山を利用し、そこを舞台に、そういう自然と対峙するままに、庭というものを作り出す。

このように岐阜や鎌倉という地方（瑞泉寺の庭園は鎌倉時代の最末期に作られたので、まだ都ではあったが）で磨き上げられた庭作りの手法が、夢窓疎石の手によって、京都の大寺院である天龍寺や西芳寺（苔寺）の庭として、日本文化のど真ん中に燦然と輝くことになるのである。

大地を　眺む　一望亭

再び庭園へ。今度は上から見下ろす

information

瑞泉寺

臨済宗円覚寺派の寺院で、山号は錦屏山。足利基氏がここに葬られてから代々の鎌倉公方の菩提寺となった寺院で、夢窓国師により1327年に開山された。庭園は1970年に発掘・復元された。

—

神奈川県鎌倉市二階堂710。鎌倉駅から京急バスに乗車して「大塔宮」下車後徒歩約10分。拝観時間：午前9時～午後5時（入門は午後4時30分まで）、拝観料：200円（大人）

4

西芳寺

京都の庭園のルーツ

見事なまでに美しい苔の寺

西芳寺《さいほうじ》は、別名「苔寺」と呼ばれていて、庭にたくさんの苔が生えている。しかし西芳寺が作られた頃、つまり夢窓疎石が作った庭には、特に苔が植えられていたわけではなくて、作られて何百年か経った頃、江戸時代になって木も茂りこんもりとして湿気が逃げなくなったこともあって苔に覆われるようになった。なので、苔寺という名称は、現在の呼び名で、夢窓疎石の作った庭とは無関係のものだ。

ともあれ、現在の庭の光景は、池があり、島が作られ、そこに橋がかかっていて、一面が緑の苔に覆われている。とくに、梅雨の季節の6月、7月頃は苔の緑がいっそう鮮やかに目を奪う。苔の種類も、いろいろなものがあって、もこもこしたカーペットのようなものや、杉の針葉樹のような杉苔や、緑の微妙な色もそれぞれの種類で違っていて、階調のある緑の地面になっている。

室町時代の初期に夢窓疎石が作った西芳寺の庭だが、もっとも古い「日本庭園」の一つといって良い。先に、夢窓疎石の若い頃の庭を取り上げたが、京都にある日本庭園ということでは、この庭が一つの始まりといえるところもある。京都の名だたる庭

境内には120種余りの苔が生えているという

園のほとんどが西芳寺の影響を受けて作られた。つまり、龍安寺、金閣寺・銀閣寺、桂離宮などの庭には、どれにも西芳寺の影響の影がある。庭の構図、というようなものは、夢窓疎石が作ったこの西芳寺が、京都の庭園のルーツともいえるものなのだ。その「庭の構図」というのは、どういうものか？　それは、二つの世界を対比させる、というものだ。

その二つの世界の一つは、池があり、その池の周囲に建物があり、また池には島がある。その島は橋でつながれていたりする。今の西芳寺には、池の周囲には建物はないが、創建当初はいくつかの小さなお堂などが建っていた。そして今は池の周辺や島は、苔に覆われているが、夢窓疎石によって庭が作られた当初は、苔はなかった。しかし、池の周囲に建物がある光景は、一つの平穏な理想郷ともいえる世界が現出していたことだろう。いま、京都の苔寺を旅して、目に入るのは、池と、苔に覆われた地面と、そこに生えた樹木の光景である。庭を一周して、「ああ、美しい庭だ」と思って満足する。

しかし、それは苔寺の庭の要素の半分に過ぎない。苔寺という名前に惑わされて、その苔に覆われた庭だけを見て、庭園のすべてを見た気になってしまうかもしれないが、この庭にはもう一つの世界があるのだ。

苔庭に行ったことがある人でも、「そんな場所、あったかな？」と思われる人もいるかもしれない。この庭は、中心にある庭の周囲を反時計回りの順路で歩くが、

2020年より前の参拝ルートでは、ほぼ庭の周囲を一周した後、そのおまけのような形で、ルートは池から離れ、坂道を登る。そこには大きな岩がいくつもあって、少し高いところなので、振り返ると、視界の向こうに、樹木に隠れた池が見える。「なんだか、余計なルートだな」と思い、そのまま進むと、庭を一周する順路の出発点に戻る。その、ルートの最後の方にあった、おまけのような、岩がゴロゴロした坂道が、西芳寺の庭の構造にとって重要な要素なのだ（2024年現在はこの上段の庭は通常非公開となっている）。

夢窓疎石の庭を訪ねるのが初めての人にとっては、あまり見栄えもしない、その岩がある坂道、山道に、大して魅力を感じないだろう。余計な遠回り、とすら思えるかもしれない。しかし、この本をここまで読まれた人には、この「庭の構造」に、どんな意義があるか、すぐにご理解いただけると思う。鎌倉の瑞泉寺の、池とその裏山の一覧亭と、西芳寺の庭の構造は、まったく同じなのだ。夢窓疎石は、西芳寺の庭に池を作り、その裏山に庭を巡るルートを取り入れたのは、ただの偶然ではなく、これは明らかに、鎌倉の瑞泉寺の作庭で掴んだ、「庭とはどういうものか」「庭とはどうあるべきか」ということを西芳寺の庭作りに取り込んだのだ。

ともあれ、西芳寺の庭は、池の裏山に大きな岩が散在している。これは「洪隠山《こういんざん》枯《かれ》滝石組《たきいしぐみ》」と呼ばれるが、その山の斜面から剥き出しになって現れたような岩が、元々その山の斜面にあったものなのか、あるいはどこかからわざわざ運んできたのか、そ

南側に佇む湘南亭。現在の建物は再興されたもの

2020年より
前のルート。
2024年現在、
上段の庭は通常非公開で、
一般の参拝ルートは
下段の池の周囲を
反時計回りで巡る

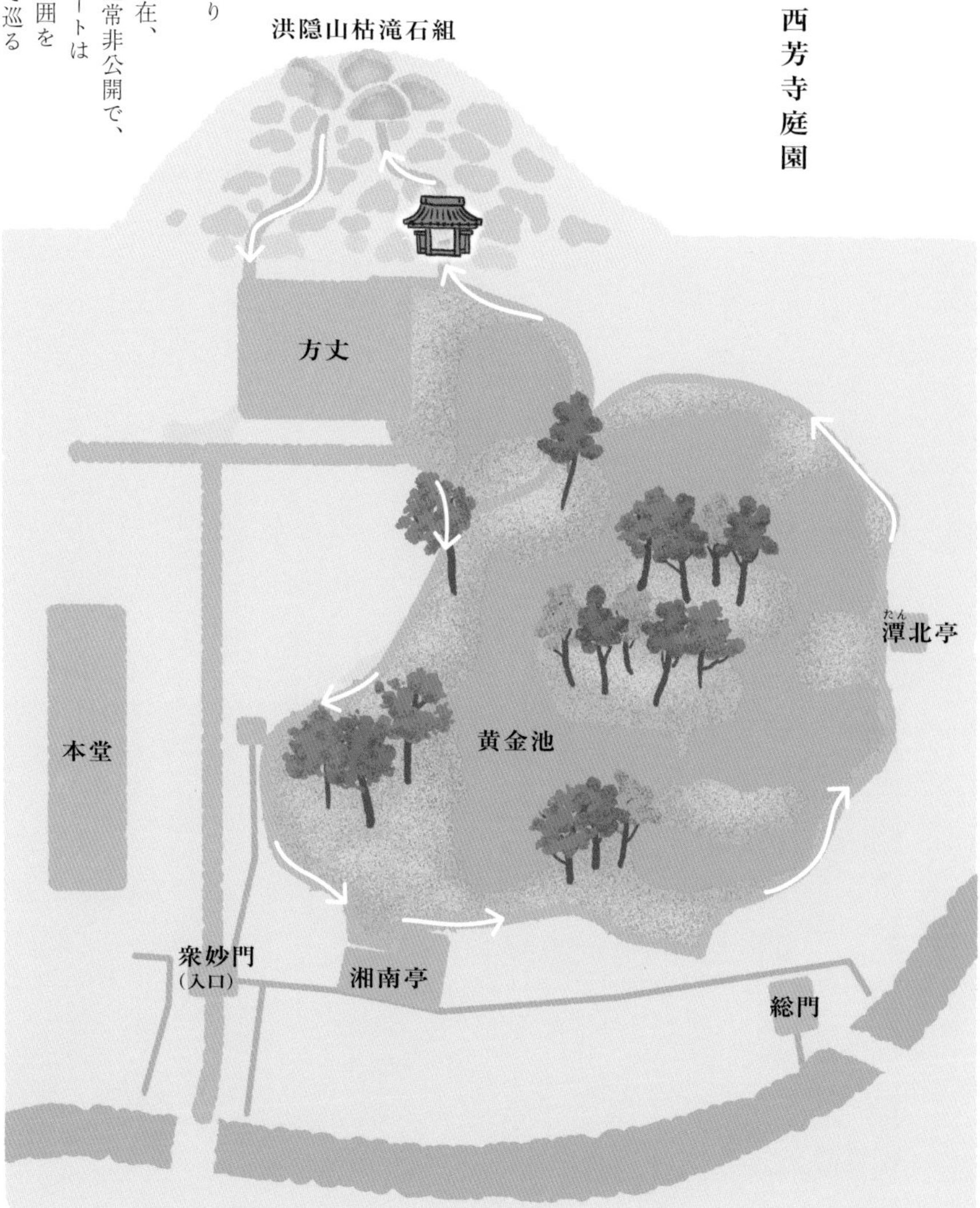

れともこの山にあったものだが、庭の構図を作るために位置をずらすくらいの作意はあったのかはわからない。ともかくそれは、池や（後に生えた苔などの）植物とは違う、ゴツゴツした無機物の塊であり、それは非・生命の世界だ。それに対して、山の下にある池は、水という生命を育むものであり、今では苔という生命に一面が覆われている。この対比、つまり生と死の対比を見落としてはいけない。

この山や岩というのは、その後の日本庭園の展開の中で、「枯山水」として独立していく。つまり西芳寺の庭には、池泉庭園と枯山水庭園が、一つのセットとして作られている。池の周囲は「生命の庭」であり、山の岩は「死の庭」ということもできよう。これこそが、夢窓疎石が若い頃から仏教の修行をして、自分が会得した世界観であり、そして若い頃（というか壮年期だが）に岐阜の永保寺の崖や、鎌倉の瑞泉寺の山道がある庭というものが、京都というこの国の文化の中心地の庭で花開き、不朽の名庭園へと結晶したのである。

この庭の構造は、その後の京都を代表する庭園、つまり

裏山の洪隠山枯滝石組。池のある「生命の庭」に対して「死の庭」といえる

金閣寺や銀閣寺にも見ることができる。金閣寺は、今も池に面した金閣寺の建物があるが（西芳寺では建物は消失した）、その金閣寺を見た後に、やはり裏山へと続く道がある。銀閣寺の庭は、さらに西芳寺の庭の構造そのものを明確に体現し、池のある庭を見た後に、急な山道を登り、そこに岩が連なる石組みがある。それらのルーツはすべて、この西芳寺にある。さらに京都の庭といえば、池泉庭園と並んで枯山水の庭が、あちこちの寺院にあるが、その枯山水のルーツも、西芳寺の洪隠山枯滝石組なのだ。

では、なぜそのような石組みを、生命の庭ともいうべき池泉庭園との対比で作ったのか。それは鎌倉の瑞泉寺の庭を歩いてみれば分かる。岐阜の永保寺の、巨大な崖の滝を眺めれば、庭というものが人に何を語るものかは分かる。ともかく、西芳寺の庭において、夢窓疎石の庭の哲学は、庭の美学は、美しい結晶となったのである。

話を整理してみると、西芳寺（苔寺）の庭は、地肌一面が青々とした苔に覆われている。生えている苔は、120種類もあるという。庭の構造は「上下二段」の構成で、二つの世界が二元論的に対比されている。上段、下段とあって、上段が枯山水庭園の世界で、下段が池泉回遊式庭園の世界になっている。そして現在は、下段の池泉庭園が苔の庭になっている。さらにいえば、上段の枯山水庭園は、岩で構成された厳しく険しい世界で、生と死でいえば死の世界を象徴する庭だ。それに対して、下段の池泉庭園は、水と植物による快楽的ともいえる生命の世界だ。

苔寺というと、美しい苔の光景の庭とだけ考えてしまいがちだが、この庭に立って眺め、あるいは歩いてその世界に浸っている時、たんに苔や水や小さな島の美しさだけに目を向けず、ここには夢窓疎石が作り上げた庭というものの構造、庭というものの哲学があると考えながら眺め、その上で庭の美しさ、心地良さを堪能しないといけない。とくに、最後のおまけのように付いている岩と坂道の世界で、その意味や光景をあらためて噛み締め、短い道ではあるが、山を登るという身体的行為、そして小高い場所に立った時に俯瞰できる光景への眼差し、そういうものを見逃してしまったらまさに片手落ちになってしまうので、そういう見方でこの庭を堪能していただきたい。

苔庭だけで見て、苔寺を見た（見終えた）気になって、あと地味な道が最後にあったな、ここはただの通路、みたいな感じで終わらないように、この庭に隠された大地の世界、とでもいうべきものをしっかりと見つめていただきたい。

池と山　二つの　世界

information

西芳寺

臨済宗単立の寺院で、山号は洪隠山。７３１年に行基により開創されたと伝わり、１３３９年に夢窓疎石によって禅寺として復興した。境内一面を覆う美しい苔の風景から「苔寺」として親しまれるようになった。

―

京都市西京区松尾神ヶ谷町56。京都バス「苔寺・すず虫寺」下車後徒歩約３分。駐車場：無。参拝は往復はがきまたはオンラインでの申し込み（詳細は公式サイト参照）。参拝料：４０００円以上

―

上段の庭は通常非公開。ただし、特別参拝プログラム「折々参拝」では上段の庭を参拝するプログラムもあり（２０２４年時点）。詳細は公式サイト参照。

5

天龍寺

遥か昔に遠近法を用いた庭

大方丈に面する池泉回遊式の庭園「曹源池庭園」

天龍寺《てんりゅうじ》の庭は、美しく、しかも不思議な造形的魅力に満ちている。

京都の西、嵐山に天龍寺はある。近くを桂川が流れ、竹林の美しい寺院も多い。京都の観光スポットのひとつで、軽井沢とか清里みたいな、かわいい小物ショップも多い。でも嵐山のストリートはいまでこそ、そういう雰囲気であるが、それと天龍寺のキャラが一致しているわけではない。

天龍寺は、かわいいお土産屋さんたちの雰囲気とは別に、静かで荘厳な空気を昔から保ち続けている。

大通りから、天龍寺の総門に入る。ここから長い直線の歩道が続く。左手には蓮の小さな池があり、夏には桃色の大きな花が咲く。売店の横を過ぎて階段を上がると、参拝受付がある。チケットは2種類あって、庭を歩くだけのものと、庭に面した大方丈に入るものだ。後者は、大方丈から庭を眺めた後に、庭を歩くこともできる。お金に余裕があるなら、後者のチケットを買おう。

大方丈には、庫裏《くり》の玄関から入り、廊下を歩いていく。長い縁にそって、庭が広がっている。まずは、広縁《ひろえん》に腰を降ろして庭を眺めよう。庭には、大きな池がある。曹《そう》源池《げんち》という名の池で、遠くに山が見える。池の向こう岸は森で、春には新緑が、秋には紅葉が美しい。夏は、緑の森だが、緑にもいろいろな色がある。淡い緑、濃い緑、黄色みかかった緑、黒っぽい緑。緑の色の違いを眺めるのも楽しい。

遠くには、山が見える。こういう、自然の山の風景を庭の眺めに取り込む手法を「借景《しゃっけい》」という。左側の奥に高くそびえているのが、嵐山だ。標高382メートルの山だが、庭の森にあわせてみると、まるで富士山の高峰のようにすら見える。

庭を、じっくり眺めてみよう。

その光景のほとんどを池が占めている。手前の岸は湾曲し、石で輪郭を縁取られた岬もある。岬の先には、筆から落ちた滴のように、石がひとつ、水面に顔を出している。よく見ると、向こう岸も石が輪郭を区切っている。とくに真正面には、池にそそり立った崖のように、岩が積み重ねられている。山奥の谷間をぬう渓谷の急流のようだ。いちばん奥の暗がりに、遠山石という名の、山のかたちをした岩がある。深山を表している。

そこから急流を下る岩が続く。その中に「鯉魚石《りぎょせき》」という、魚の頭部に似た形の石がある。これは、中国の故事にもとづいて、龍に化した鯉が、滝を登るさまを表現している。いわゆる「登龍門」で、滝を登りきった鯉が、龍になる、そういう光景だ。あなたも何かの関門を乗り越えれば、龍になれる。そんな気合いを注入してくれる庭の光景だ。

でも池の向こう岸は遠く、しかも周囲の木々で暗く、なかなか登竜門の光景を鑑賞するのは難しい。しかし岩を組み合わせた、造形の厳しさは、遠目にも見ることができる。滝を表す大石が崖のように立っている。その手前を、石橋が、あたかも刃物のように水平に横切っている。この縦と横に直行する石の造形。それが見えるだけでも、池の向こうの暗いところに何かある、ということが伝わってくる。池の周りは、歩いて一周することもできる。登竜門の裏側にも散策路があり、からからと小川が流れ、苔がむし、季節の花が咲いている。しかし天龍寺の庭のハイライトは、なんといっても大方丈の広縁から眺めた、正面の庭である。池と、その背景の山の組み合わせである。

庭の見方。ここでは、庭に向かって、いちばん左端と、右端に立ってみる。その違いを探るところから、庭の美の発見への道のりが始まる。天龍寺でも、長い広縁の（あるいは庭に降りて池の側で）まずは左手に立ってみよう。この庭は、水際がまっすぐではなく、左端では足元近くまである。い

大方丈から向かって中央正面、鯉魚石のある龍門の滝

天龍寺　曹源池庭園

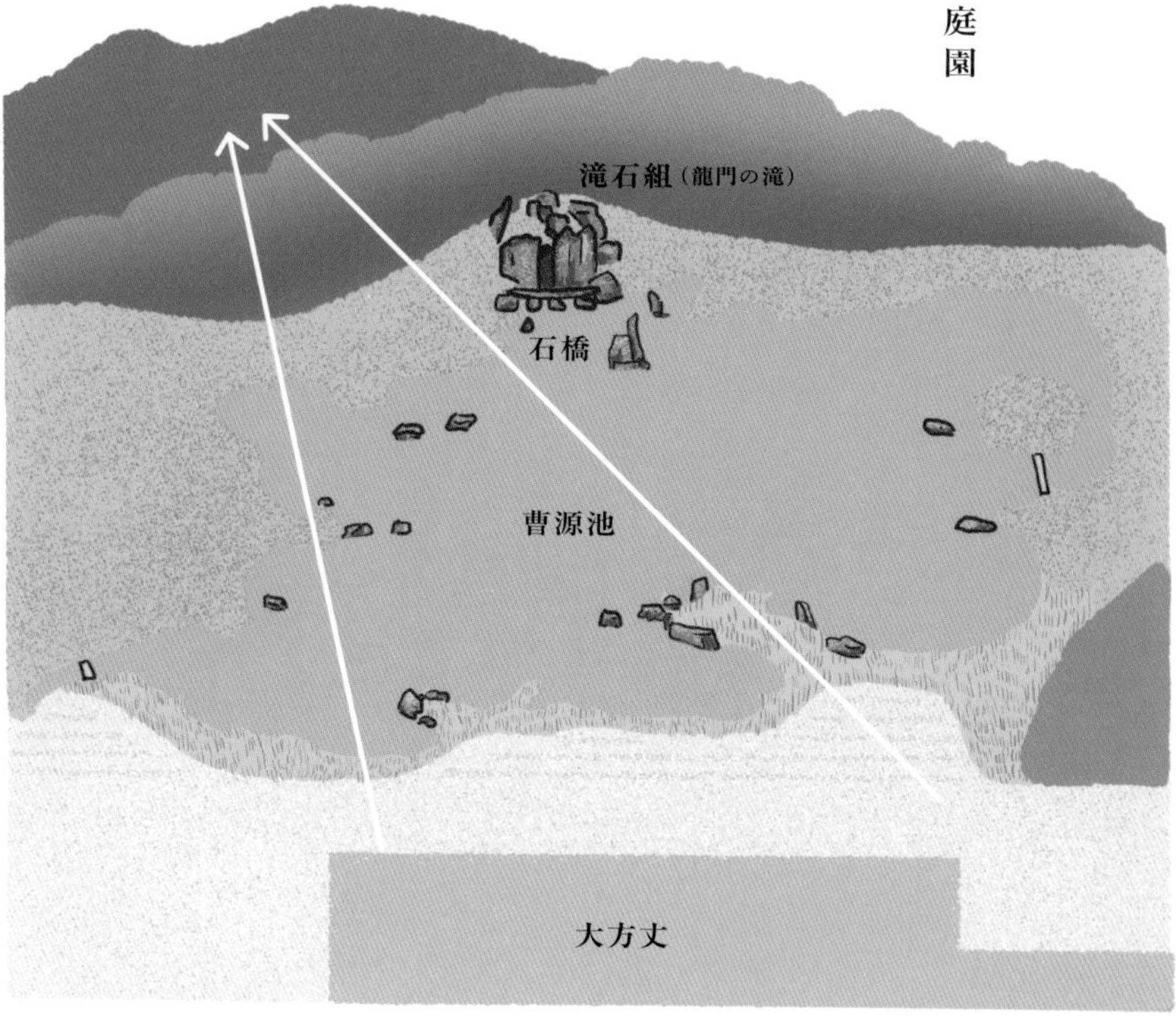

っぽう右端は、池の手前に白砂を敷いた広い地面がある。

左端に立つ。すると足元まで池である。そこから右に歩く。水際は湾曲し、遠ざかり、また近づき、右端まで行くとはるか遠くに池がある。まっすぐに右に歩いているはずだが、池に近づいたり遠ざかったり、前後にも移動しているような錯覚をおぼえる。この池の周囲では、空間が歪んでいる。現実の地面と石と池があるのだが、いつしかフィクションの世界に迷い込んだような気分になる。

ともあれ、左端に立つと池が近い。つまり池は、足元から遠くまで「大きく」広がっている。ところが右端に立つと、池が遠い。遠いということは、池が小さい。問題は、その先だ。池の向こうには、借景の山がある。嵐山は、天龍寺の裏庭の、その先の桂川の、さらに向こうにある。ともかく遠くにある。だから、庭の右から左まで歩いたくらいでは、山の大きさは変わらない。列車に乗って窓の景色を眺めているとき、手

右端から見る

左端から見る

前の風景はどんどん過ぎていき、少し遠くの風景はゆっくり移動し、遠くにある山は、まったく動かない。それと同じで、嵐山は動かないし、大きさも変わらない。

ところが、嵐山の山が大きくなったり、小さくなったりするふうに見える。秘密は、手前の池だ。池に沿って左から右に歩くと、池が大きくなったり、遠く小さくなったりする。嵐山は、その向こうにある。この池を嵐山と一緒に見ていると、大きくなったり小さくなったりするのは池なのだが、いつの瞬間か、池と山の関係が逆転することがある。つまり池の大きさが変わるのではなく、山の大きさが変わっているかと錯覚させられるのだ。

そうなると、足でわずかばかり歩いているだけだが、相当な距離を移動している気分になる。世界が伸びたり縮んだり、不思議な感覚に襲われる。そういう現実の裂け目に、一瞬、何かが垣間見えた気分になる。これを「悟り」というのか。いや、そうではなくても、少なくとも悟りの入り口が垣間見えたということなのか。

京都の庭の、美の真髄は、ここにあるのか、と思う。

ただ「きれい」なのが、本当の美ではない。美には、現実を超えた、しかし大きな何かとつながったような、調和の感じがある。天龍寺の庭には、それがある。

それにしても天龍寺で使われている、「遠近法」は14世紀のものだ。ヨーロッパで遠近法を確立したレオナルド・ダ・ヴィンチが『最後の晩餐』を描いたのは、15世紀の終わり。天龍寺の方が、はるかに早い。作庭したのは、夢窓疎石。

そんな時代に、既に遠近法を駆使してつくられた庭があった。京都、恐るべし、である。

ということで、夢窓疎石の庭を、岐阜の永保寺、鎌倉の瑞泉寺、そういったところの庭園が、夢窓疎石の庭の「骨格」を作り、それが京都の庭園、西芳寺や天龍寺で花開いた、ということを書いてきた。

夢窓疎石の庭についての話の最後に、では夢窓疎石は庭園を通じて「何を」形にしようとしたのか、「何と」向き合っていたのか、ということを考えてみたい。

永保寺の庭で、その造形の核となるのは、巨大な自然の岩による崖だ。つまり大地の断片が、崖という形で顔を出し、夢窓疎石はそれを庭の造形の中心に据えた。

瑞泉寺では、自然の崖の前に、やはり池を作り、その崖がある山に登山道を作り、山頂から遥か彼方の富士山を一望する仕組みを作った。そこで見ているのは、目の前に広がる大地である。そして大地の隆起の極致としての富士山だ。

京都の西芳寺では、上記の庭の構造を継承して、池の庭と、岩山の庭を対峙させた。天龍寺では、富士山を一望した瑞泉寺の一覧亭のように、借景によって山を庭の向こうに眺められるようにして、そことの「距離」を遠近法の手法で、歪んだ空間を自在に造形してみせた。

これらの庭園に共通するものは何か？

それは大地の眺望であり、山であり、つまり地球ということだ。ここでは庭園を語るキーワードとして「地球」あるいは「大地」というものが浮上する。これは「庭園とは、大地に描いた絵画である」と語った重森三玲とも一致する庭園観だ。庭とは、地上にあるものであり、大地であり、つまり地球なのだ。

この「庭園は地球と対峙したもの」という見方は、この本の一つの軸となる。それが京都の庭園の原型を作った夢窓疎石から、昭和の作庭家・重森三玲へとつながる、日本の庭園の哲学である。

しかし、庭園には、もう一つ、地球とは別に対峙しているものがある。それは、「地球」という言い方に倣って言えば、「宇宙」というものだ。日本の庭園には、地球ではなく、もう一つの別の「宇宙」と向き合い、宇宙と対峙するものとして作られた庭園がある。宇宙と対話する庭が京都にはある。それがこの後に取り上げる、桂離宮の庭、そして龍安寺の庭だ。それはいったい、どんな庭なのか。

まずは桂離宮の庭を訪ねてみることにしたい。

大きく　小さく　山　歪む（天龍寺）

information

天龍寺

臨済宗天龍寺派の大本山の寺院で、山号は霊亀山。後醍醐天皇の菩提を弔うため1339年に創建された。足利尊氏を開基とし、夢窓疎石によって開山された。

—

京都市右京区嵯峨天龍寺芒ノ馬場町68。京福電鉄嵐山線「嵐山駅」よりすぐ、またはＪＲ「嵯峨嵐山駅」より徒歩約13分、阪急電車「嵐山駅」より徒歩約15分、市バス「嵐山天龍寺前」または京都バス「京福嵐山駅前」下車後すぐ。参拝時間：【庭園】午前8時30分～午後5時（受付は午後4時50分）。参拝料：【庭園】５００円（大人）（諸堂参拝は３００円の追加）

iv

月の庭であり、宇宙の庭
桂離宮

桂離宮

月を見るための装置

「永遠たるもの」と称された桂離宮。江戸期に作庭された

桂離宮は、月の庭だ。

その桂離宮の庭の魅力について、この章では書いていきたいが、まずその前に自分の活動のことを少し書くと、オンラインで「布施アカデミア」という講義をやっている。この本の原稿も、その布施アカデミアで話した内容を文字に書き起こしたものだ。桂離宮の庭についての講義も、その布施アカデミアで行った。いつもライブ配信でしているのだが、収録は「スタジオ」と称している黒バックの部屋ですることが多い。自宅は、実は元・旅館の建物で、たくさんの部屋があるのだが、その一つを自力で改装し、枯山水と茶室を作った。桂離宮の話は、その部屋からライブ配信するのが良いだろうと、パソコンやカメラや照明機材を持ち込んで、やってみた。こんな光景だ［下写真］。

もともと旅館の建物の客室なので、和風の内装なのだが、その床を取り払って白砂を敷き、石を配して枯山水にする。そして押入れの襖を取り去って、一畳の畳を置き、躙口《にじりぐち》のような枠を付けて茶室にした。押入れだった空間なので「押入庵」と名付けた。

講義動画より

その部屋から桂離宮の美について語る講義をライブ配信した。

この部屋には、茶室・押入庵の向かいに、洋服棚があったのだが、そこも扉を外して、奥の壁を青と白の市松模様に塗った。作業をしたのは、東京藝大のデザイン科の学生数名で、私の家に遊びに来て、無料で数日泊まって寛いでもらう代わりに、桂離宮の写真を渡して、それと同じ市松模様に塗ってもらったものだ。この部屋には、そんなふうに桂離宮の影響（真似）も設えてある。

さて桂離宮の話だ。

桂離宮の拝観には、宮内庁のサイトから申し込む。3ヶ月前からの申し込みを受け付けている。すぐに予約が一杯になるが、日時によっては比較的直前でも空きがあることがある。予約が済んだら、その時間に現地に行く。拝観は、宮内庁の職員の方のガイドで、庭園見学ルートを団体で移動する。まずは、その拝観の様子を、そのまま追体験する感じで、ルートに沿って書いていくことにしよう。

京都・桂川のほとりにある桂離宮は、真ん中に池があって、そこを取り巻くようにいくつかの建物がある。拝観は、この池の周囲を一周するようにして行われる。

見学は、「御幸門《みゆきもん》」というところから始まる。茅葺き屋根で切妻造《きりづまづくり》の門だ。ゴテゴテと飾った彫刻もない。門を支えている柱は2本だけ。アベマキというクヌギ科の樹木で、あえて質素に作られている。そういう趣味性のある御幸門だ。

門をくぐった先を「御幸道《みゆきみち》」という。砂利をばら撒いて敷き詰めたような地面だが、

御幸門

よく見るとすべての小石の上の面が平らになってある。しかもしっかりと固定されている。「霰《あられ》こぼし」という名が付けられたもので、霰をこぼしたようなデザインというか模様になっている。桂川から採ってきた縦長の石が敷き詰められているのだが、その縦長の石を平らな面を上にして地面に打ち込んである。なので、砂利かと見えた小石は、ガッチリと固定されていて動かない。この道の面は真っ平らではなく、両脇がなだらかな傾斜で、水はけの良い作りになっている。アスファルトの舗装路のような効果であるが、そこにあるのは自然の石なので、それぞれ違った形をしていて、色も白っぽいもの黒っぽいものなど様々で、見ていて飽きないデザインになっている。

さらに進むと、霰こぼしの道は終わり、大きな飛石伝いに進むと「外腰掛《そとこしかけ》」がある。その先にある茶席への待ち合いの場所だ。「松琴亭《しょうきんてい》」という茶室から離れているので、外腰掛という名前が付

霰《あられ》こぼし

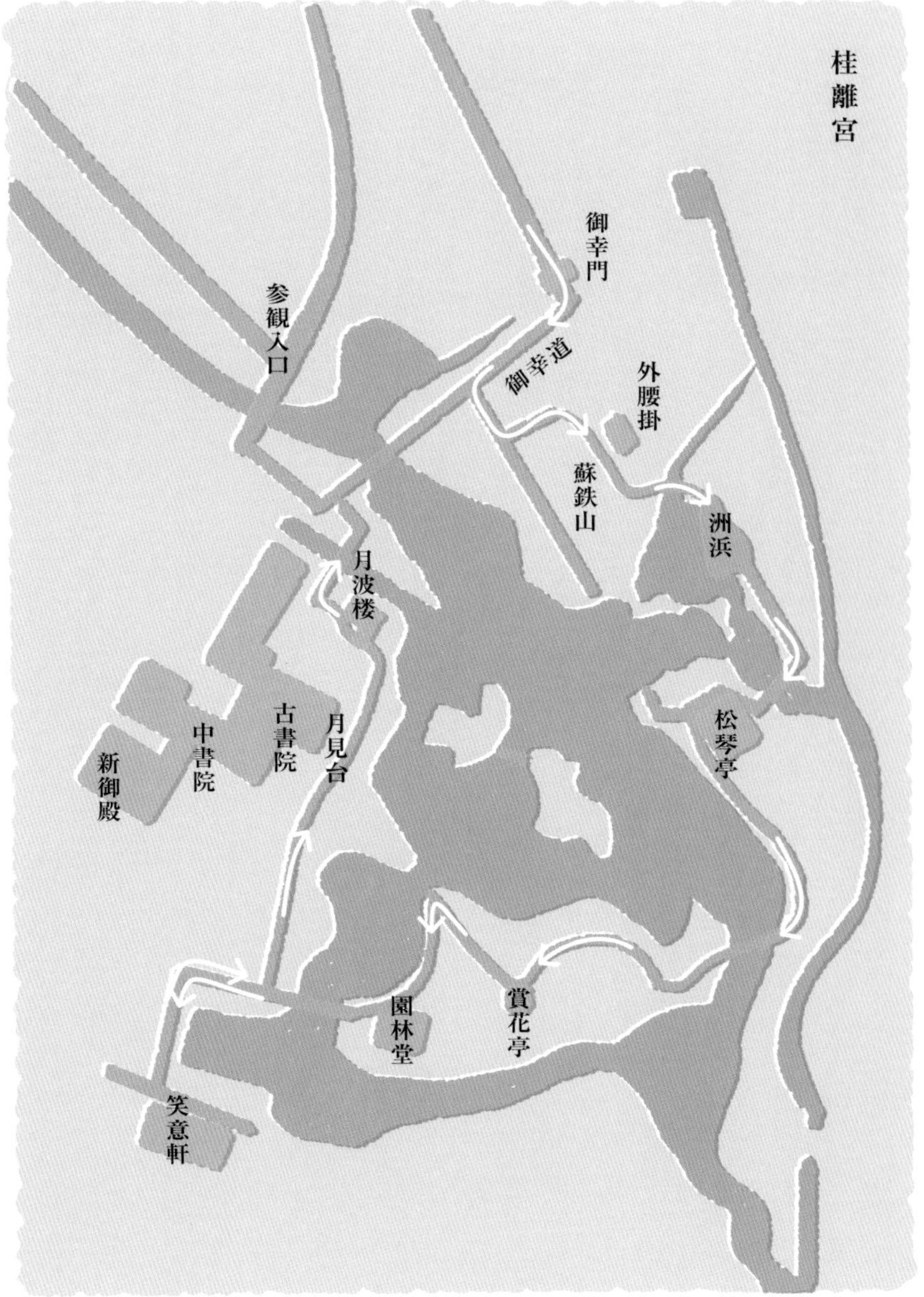
桂離宮
御幸門
参観入口
御幸道
外腰掛
蘇鉄山
洲浜
月波楼
古書院
月見台
中書院
新御殿
松琴亭
園林堂
賞花亭
笑意軒

いている。ここで一息入れて、茶席からのお呼びがかかるのを待つ。腰掛けて正面を見ると、南国に自生している植物・蘇鉄《ソテツ》が植わっているのが目に入る。江戸時代、南国風情の植物が流行った。現代の我々が、ハワイあたりの空気を思い浮かべるように、当時の人は蘇鉄にエキゾチックな気分を抱いたのだろうか。蘇鉄は、築山に植えられているが、この築山で視界が遮られ、その向こうに何があるのか見えない。見えないがゆえに、「その向こうには何があるのだろう?」と、築山の向こうに広がる庭園への興味が引き立てられる。蘇鉄の間に、チラッと建物が見えるが、先に進んで起こることへ気持ちが向いていく。見えそうで見えない、心憎い演出なのだ。

さらに先に進もう。飛石が漆喰で固められた道が、まっすぐに伸びている。石の形には2種類あって、四角く加工されたものと、自然の形のままのものが、組み合わされて混在している。ここは「行の飛石」という。書道でいう真・行・草の「行」

だ。四角い石（＝真）と、自然のランダムな形の石（＝草）のミックスなので、行の飛石、というわけだ。この道は、まっすぐに17メートル伸びている。

その先は行き止まりで、左に折れる。視界が開けるが、同時に水の音が耳に入る。それまで静寂から、音の風景が一変する。川があって、岩で滝を作りその落下する水音が響いているのだ。「鼓《つづみ》の滝」という。この本の第i章で、京都の庭園の「音の庭」について書いたが、桂離宮の庭にも1箇所、庭を歩くルートの一つのアクセントのように、水の音が響き渡る場所があるのだ。

その鼓の滝がある小川の上にかかった橋を渡り、先に進む。さらに視界が開け、池が広がる明るい庭が目に入る。手前には岬のような形の洲浜《すはま》がある。黒く平べったい石が敷かれ、魚か竜の鱗のようにも見える。この石は「真黒石《まぐろいし》」と呼ばれる黒く大きな石だ。

洲浜の先端には、灯台のように、石の灯籠がある。「岬灯籠」という。月見で庭を歩くときに、ここに灯りをともして足元を照らした。高さの低い灯籠で、月の出た夜、空がよく見えるように、かなり低めに作られている。その向こうには、天橋立を模した橋がある。そんな景色を眺めながら、いよいよ茶室である松琴亭に向かう。

洲浜《すはま》と岬灯籠

松琴亭には、茶室、座敷の一の間、二の間など部屋がいくつかあって、大きな茅葺き屋根が乗っている。石の橋を渡って正面が茶室で、茶室の入り口（躙口）があり、右の池に面した部屋が座敷になっている。茶室は、狭い畳のスペースに床の間があってと、ふつうの茶室の構造をしているが、座敷の襖や竈門《かまど》は、桂離宮独特のデザインになっている。特に襖の、青と白の市松模様は、桂離宮を象徴するビジュアルといってもいい。

松琴亭には料理をする竈門があるが、ふつうは竈門というのは客から見えないところで料理をするものだが、池に面した建物の中心ともいえる場所にある。松琴亭では、客人が庭を眺めた時に、その前景で料理をする姿が目に入る。客は、料理をする様子を眺めながら寛ぐのだ。洗い物をする水屋も、縁台のところにある。ここでは人の行いの一部始終が風景となるのだ。我々見学者にとっても、この松琴亭が、桂離宮拝観のメインイベントというようなところがある。

松琴亭から先に進むと、峠の茶室を模した「賞《しょう》花《か》亭《てい》」、

松琴亭。茅葺き屋根の主屋に柿葺きの茶室が接続する

松琴亭の床の間と襖。桂離宮を象徴する市松模様

お堂のような「園林堂《おんりんどう》」、そして田舎の農家の風情がある「笑意軒《しょういけん》」へと進んでいく。

笑意軒の前にある飛石の道は「草の飛石」という。大中小さまざまな飛石が、まっすぐの道に敷き詰められている。ここまで飛石についていろいろ言及してきたが、それは庭を「歩く」ということを強調したい、ということでもあった。庭とは、歩くものでもあるのだ。地面を歩く場所なのだ。

笑意軒の建物の向こうには、田んぼが広がっている。その光景を窓越しに眺めることができる。働く農民の姿も、庭の演出として、ある雰囲気を醸し出す一助になっている。

建物の入り口に「笑意軒」という木の大きな表札があり、その土壁には丸い窓が六つ並んでいる。竹、葦《よし》、木材を使った下地窓で、丸窓の中のデザインは、すべて異なっている。窓の中を水平・垂直に横切る竹・葦・木の線の間隔や太さが、窓ごとに微妙に違っていて、細かい美的工夫がされているのだ。この丸窓は、夜空に浮かぶ月を連想させる。

桂離宮には、月と関わる演出がいろいろされているのだが、笑意軒の庭先にある手水鉢は、そこに水を入れるとちょうど東の空に浮かぶ月を映して、空で光る月と、水に映った月を比べて眺めることができる。またやはり笑意軒の庭先には、月と星と太陽の形をデザインした灯籠があって、この建物は、月や星などの空、とくに夜空と関

笑意軒。六つの窓が月を連想させる

わるものがあれこれ作られている。ここは夜の空で月を眺め、月を愛でることに深く関わる庭なのだ。

笑意軒を後にして拝観ルートを進むと、古書院・中書院・新御殿の建物が、段々の形に接続して「雁行《がんこう》」のように並んでいる。この古書院の池に面したところに「月見台」という縁台が作られている。名前の通り、ここで月を眺めるのだ。しかも池に面しているから、東の空から昇った月は、その姿を池水面にも映し、空の月と、池に浮かんだ月の影を比べながら、風流な月見をすることができる。

月見台がある新御殿からさらに進むと「月波楼《げっぱろう》」という建物がある。名前の通りで、月見と関わる建物だ。この建物から池を眺めると、ちょうど東の空から昇る月を見ることができる。池の対岸には松琴亭があり、空に浮かぶ月と、池に映った月の間に、鄙びた佇まいの建物が点景となり、月見の雅びは完璧になることだろう。

ということで、庭を一周まわって、桂離宮の拝観は終わる。

言うまでもなく、桂離宮に入れるのは昼間だけだ。しかし、このように庭を一周してみても、そこに夜に眺める月の美が、あちこちに隠されていると気づく。月の出を眺める月波楼、南の空に高く昇った月を眺める新御殿の月見台、月を水面に映す池と手水鉢、そして月の意匠があちこちに凝らされた建築や灯籠。さらには池の対岸からは、西の空に沈んでいく月を眺めることもできるだろう。月の出の夕方から深夜、そして月が沈む夜明けの時など（月齢が満月の場合だが）、夜を通して庭や建物を移動しながら、

月見台のある古書院。中書院、新御殿が雁行して並ぶ

月波楼から
松琴亭を眺める

さまざまな月の姿、月の美を堪能することができる。桂離宮は、月の庭なのだ。

ということで、話題が「月」になった。庭から眺める月、ということについて書いたが、どうもそれだけでは概念的に月を扱っているだけで、月のありありとした存在を、この本の文章を通して描き出すことは難しい。そこで、ここまで京都の庭園ばかり書いてきたので、このあたりで気分転換も兼ねて、話題を一新し、庭園についての話を離れて「月」そのものについて、天文学的なことや、いろいろな側面から取り上げてみることにしたい。

天体としての「月」について、書いてみよう。

自然の風景、宇宙の風景

月とは、何か？

先にも書いた布施アカデミアだが、「美の教室」と「自然の教室」という二つの講義を交互にやっていて、桂離宮の美について講義した時も、月の庭園である桂離宮を語る前提として、天体としての月そのものの話を1回した。桂離宮は「月を見るための装置」であり、現代科学の天文台とはずいぶん趣は違うが、その庭園や建物は月を見て楽しむために、あれこれ工夫して作られた。その「自然の教室」で話した、月についての見方を書いてみることにしよう。

天文学的な月のあれこれについて基本的なことを書いていこうと思うが、まずは「月の満ち欠け」の話から始めたい。月の位相、ということだ。月は東の空から昇って、西の空に沈んでいく。あるいは半月なら、夕暮れ時に月は南天にあり、そこからやはり西の空に沈んでいく。それは月が動いているのではなく、地球が自転しているので、結果として月が動いているように見えるだけだ。そうした空での動きとは別に、月の特徴として「満ち欠け」というのがある。そんなことは誰でも知っていることで、ほとんど小学校の理科レベルの話だが、しかし専門家や理科好きの人でもない限り、日常の中で月の満ち欠けの問題などきちんと考えないで暮らしているし、たまたま夜に空を見て、「あ、月が出ているな」「細い三日月だな」とか、その程度しか考えないだろう。だから確認のために、月のメカニズムを整理してみることにしよう。

まず、宇宙の中に地球があって、太陽の周りを1年かけて公転している。そして同時に1日かけて自転もしている。この自転によって、太陽が東の地平線から昇り、西の地平線に沈むということが、1日ごとに起こる（公転の方は、地球が太陽に対して傾いているので、四季が生じるが、ここでは「光」の話をしたいので、それは省く）。

月は、地球が自転しているから、太陽と同じく、東の空から昇り、西の空に沈む。ただし、昼は太陽の光の明るさに隠されて、月は空にあっても見えない。

その月だが、地球の自転によっての空の移動だけでなく、地球の周りを約1ヶ月かけて回っているから、その位置が少しずつずれて、約1ヶ月で元に戻る。この「ずれ」によって、月の満ち欠けが起こるわけだ。つまり太陽と地球と月の位置関係で、太陽が月のどの面を照らしているかが決まり、地球と月の位置関係で、月の照らされている（光っている）面だけが見えて、それで満月や新月、三日月、さらには上弦の月や下弦の月になる。

下の図のように、太陽と地球と月があって（実際には、太陽と地球の間には金星や火星もあるが）、月が地球の周りを回っている。地球も太陽の周りを回っているが、ここでは月の満ち欠けの話をしたいので、太陽と地球の位置は止まっているとしても良いが、ともかく月が地球の周りを回っている。月は、それ自体が光っていない（燃えていない）から、太陽に照らされて、映画のスクリーンのようなもので、光が当たった部分だけが光って見える。そうすると、太陽と地球の位置関係で、月の形（＝光っている部分の見え方）が変わってくる。月が太陽と反対側にあると満月、太陽と同じ側にあると、新月あるいは三日月になる。

ところで、これはすべて「地球から見た世界」の話だ。月は、いつだって、その半分が太陽に照らされている。それが満月だったり三日月だったりするのは、視点が地球から、ゆえである。

月の観察を続けよう。次は、夕方の空にみえる月、について。時刻は同じ夕方でも、月はいろいろな場所に現れる。夕方、東の空にある月もあれば、南天高くに浮かんで

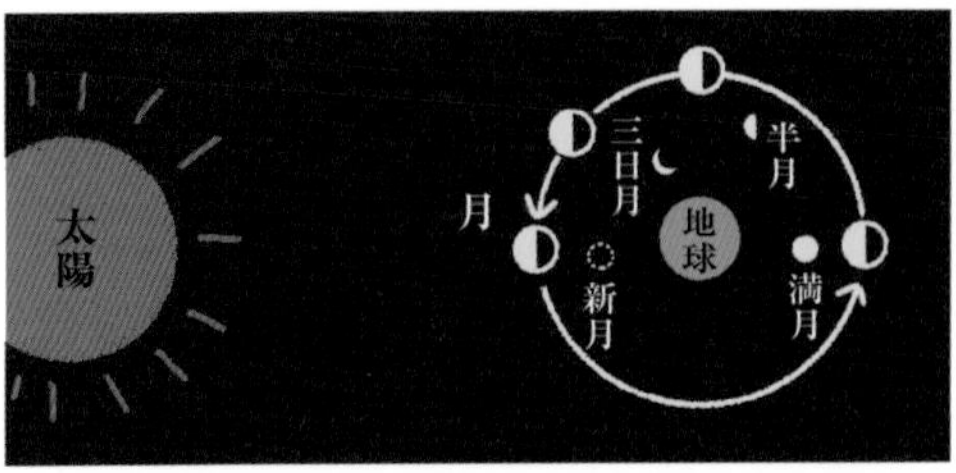

地球と月の満ち欠け

いる月もある。西の空の地平線近くにある月もある。また、同じ夕方という時刻なら、空のどこにあるかで形が違ってくる。

夕方というのは日没の時に、太陽が西に沈む。つまり太陽の位置は、ほぼ西である（西の地平線の下）。そこが光源になって、月を照らす。

ちなみに日没と日の出の定義だが、太陽は点ではなく面だから、端が地平線に付いていると同時に空から消えているのではない。日没の方は、太陽がすべて空から消えた時、日の出はちょっとでも顔を出した時、ということになる。つまり次頁下のイラストでは、日没とは書いてあるが、太陽の一部がまだ見えているので正確には日没ではない。しかし、そこに太陽が沈むというのがわかりやすいように、半分だけ地平線に隠れた状態で描いてある。

それに対して、月の出、月の入りの定義は、太陽とは違う（と天文学者が定義しているだけだが）。月の円の真ん中が地平線と重なった時が、月の出、あるいは月の入りの時刻と定義する。半分沈んだら月の入りで、まだちょっと残って出ていても、それは月の入り、ということになる。ともあれ、太陽も月も、点ではなく、小さいとはいえ面なので、そういう定義をしている。

さて、夕方、日没の時刻の月についてだ。

その時刻の西の空に月があった時、太陽の近く（の方向）に月があり、月は円ではなく立体の球なので、月のほぼ向こう側（地球から見て裏側）が太陽に照らされている。その場合、太陽が照らす月の面はわずかしか見えないから、三日月（あるいは二日月なども）になる。

さらに日没の時に、月が真南の空にあると、太陽に照らされた月の面は半分だけ見えるので半月（上弦の月）になる。そして東の空、地平線近くにあると、太陽とほぼ反対にあるから、地球から見ると、太陽に照られた月の半面のすべてが見えるので、まん丸の満月となる。

という程度のことは、誰でもわかっていることではあるが、自分もこういうイラストを描いてみて、改めて整理してみると、普段は空や月のことなどあまり考えてはいないのだが、月そして空というものがリアルな空間として感じられてくる、というところがある。なので、「こんなことは知っているけれど」という気持ちで、しかし改めて夜空の月に思いをいたすために、という感じで読んでいただければと思う。

次は、明け方の空で見た月だ。

それは朝だから、太陽は東の地平線の下にある。その朝の空で、月はどのような満ち欠けをしているかだ。そもそも月は、地球の周りを一周している（月の公転）。ほぼ1ヶ月をかけて一周するわけだが、ということは先の「夕方の空に見える月」のイラストは、その半分、半周分の月の姿ということになる。なので、それに対して、明け方の空で見た月は、残りの半周で、先の日没時のイラストでいえば地球の裏側にある月、ということだ。

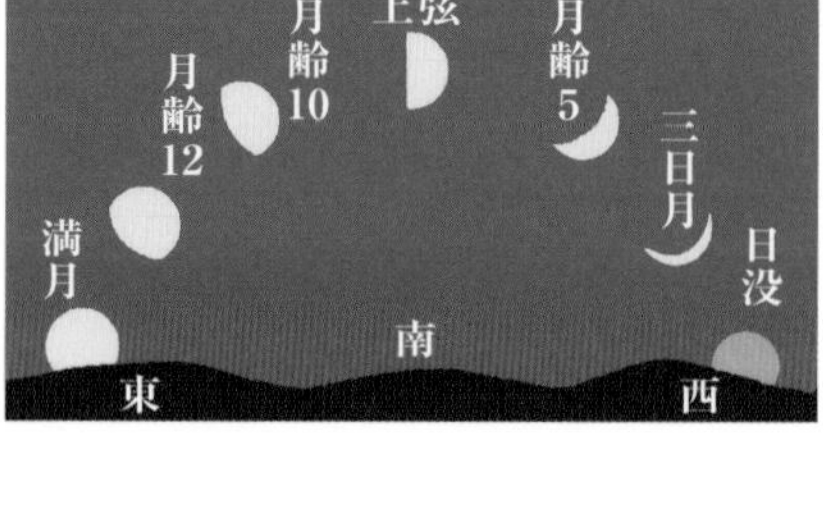

日没時の月の満ち欠けと位置

だから西に沈んだ太陽を、空間をぐるりと半周させ、それを東から昇る太陽にすれば、残りの半分の位置での月の満ち欠けの形、ということになる。

少し話がややこしくなってきただろうか。要するに、ここでは二つの動きをイメージすればいい。一つは地球の自転で、それによって月は、1日で空を一周する。半日で半周する。もう一つの動きは、月の公転で、こちらは1ヶ月で地球の周りを一周する。この地球の自転と、月の公転が組み合わさって、月は（夜の）いろいろな時刻に、夜空のある位置に、満ち欠けの「ある形」をして見えるのだ。

さて、明け方の空で見た月だ。この時に西にある月は満月だ。太陽と正反対にあるので、満月は夕方に東の空に出て、夜の間に空を半周して、明け方には西の空で輝いている。その満月は月齢が15なので（十五夜の満月）、そこから月齢17、19、そして半月の下弦の月、さらには三日月のような月齢26が、東の空に浮かんでいる。これらは夕方の月を反転した、下弦の月である。

月は1ヶ月に29・5日で公転するので、月齢は29・5までだ。そこから最初の新月に戻る、というのが月の満ち欠けとなる。

ということで、これは地上のある場所から夜空を見上げた時に見える月の形だ。つまり桂離宮の庭で、月見台や月波楼で、夜の空を眺めた時、このような満ち欠けの月のどれかが、夕方から朝まで、空に浮かんで西へと動いていくわけだ。

次に、同じことを、視点の地球の上のある位置ではなくて、地球と月を宇宙から眺

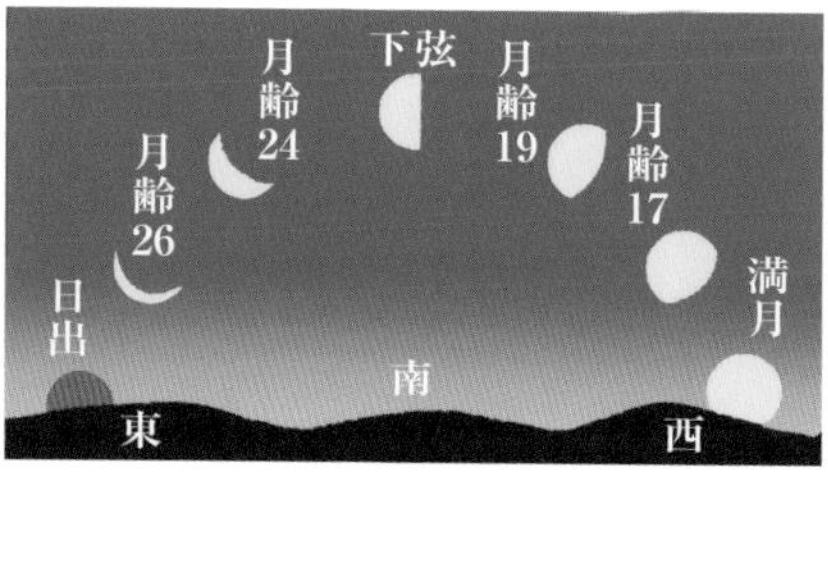

日の出時の月の満ち欠けと位置

めてみる図でイラストを描いてみよう。夕方の空がAで、明け方の空がBとなる。

Aは、太陽からの光が図の右方向から注いでいて、月の右半面を明るく光らせている。この時の月の位置によって、新月から半月、満月までが地球を半周している。Bは逆に下弦の月ができる様子を示している。こういう図を見ていると、例えば石膏デッサンで光源がどちらの方向で、どう光が当たっているか、というようなことと似てもいる。美術の訓練を受けた人や、映像を撮る人にとっては（ライティングの効果など）親しみの持てる説明図かもしれない。ビデオ・アーティストのナム・ジュン・パイクが「テレビ映像の起源は月だ」というようなことを言っていたが、たしかに月には映像的なところがある。夜空に浮かんだ月を眺め鑑賞することは、映像や絵画を鑑賞するところと似ている。

さらに、もうちょっとだけ月とは何かという「月の科学」のようなことを書いてみよう。ただし、ここでの月の科学の話というのは、月はいつどのような誕生したかというような科学の話ではなく、あくまで桂離宮の美を理解するための一助としての情報だ。まず地球からの距離はどれくらいか。約38万キロあるという。この数字がどういうものか実感しにくいが、地球30個分くらいになる。あと月の大きさだが、直径が3500キロメートル

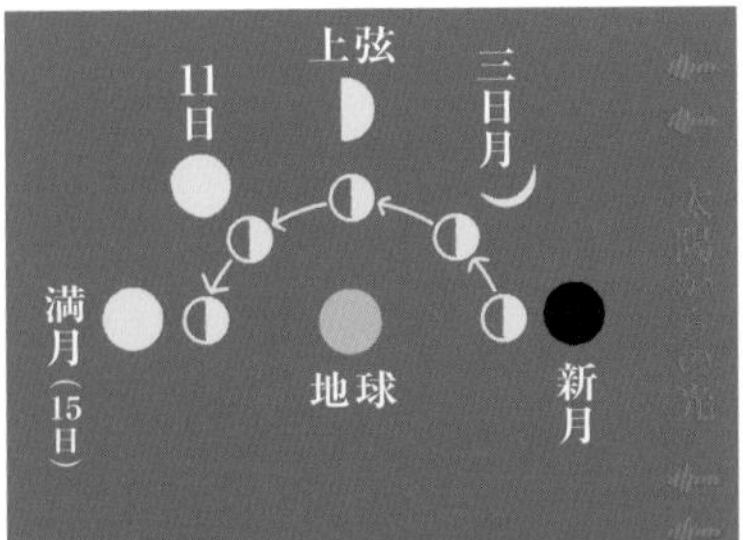

A：夕方の月

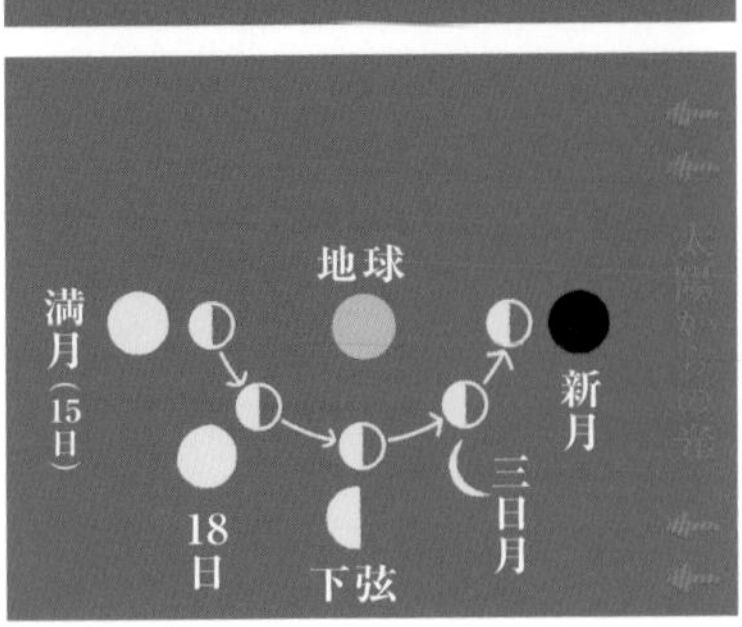

B：明け方の月

ある。かなりの大きさだが、それだけ離れているので、あのサイズに見えるというわけだ。ということが月の科学というか蘊蓄《うんちく》だ。

あと一つ、月について「日本での月の呼び名」ということについても書いておこう。月の形には、「三日月」とか「満月」などという名があるが、古い日本ではもっと別の言い方もされた。いくつかを整理してみよう。例えば三日月を「眉月《まゆつき》」などといって、それぞれの形のニュアンスをうまく捉えている。

・「二日月」：繊月《せんげつ》
・「三日月」：朏《ひ》、初月《ういづき》、眉月
・「満月」：十五夜の月、三五の月（3×5で15になる）、望月《もちづき》
・「月齢16」：十六夜《いざよい》の月、既望《きぼう》（満月＝望月の後なので）
・「月齢15から29まで」：有明の月（夜が明けても、まだ空にある、の意）

など、月を風流なものとして捉える日本語での呼び名だ。

また和歌などの文学でも、月は詠まれた。万葉集の柿本人麻呂にこんな和歌がある。

　東の野に
　炎《かぎろい》の立つ見えて

かへり見すれば
月傾きぬ

これは東の空に太陽が昇ろうという時に、西の空に月（満月）があるというのだから、朝の空を詠んだものだ。

俳句でも、与謝蕪村が似たような光景を描写した。

菜の花や　月は東に　日は西に

こちらは「日は西」なので夕暮れの光景だ。菜の花の黄色が、黄昏の光に染まる色彩感が豊かな句だ。

桂離宮の月鑑賞においても、そのような日本文学の美的感性、自然観が楽しまれたことだろう。

月を詠んだ句では、わび・さびというものを語る上で、月の描写が作例として語られることもある。千利休が提唱した「さび」の美学に対して、江戸時代の茶人で作庭家でもある小堀遠州の美学を「きれいさび」というが、この「さび」と「きれいさび」の違いに、月の描写が作例として使われる。

まず、月とは関係ないが、「さび」というのがどのようなものか、ということでの作例。『新古今和歌集』での藤原定家の歌。

見渡せば花も紅葉もなかりけり　浦の苫屋《とまや》の秋の夕暮れ

この和歌では、前提として花や紅葉の華やかな光景のイメージがあって、そういうものがない「浦の苫屋の秋の夕暮れ」に、雅びな美とは違う別のタイプの美を見出し、それを「さび」と呼んだ。利休の茶道具でいえば、陶工・長次郎の黒い楽茶碗、それに汚れた風情の土壁などに「さび」の美を見た。

この「さび」の美学に対し、小堀遠州は「きれい」という言葉をつけて「きれいさび」の美学を提唱した。それはどんな美か、ということで月の光を詠んだ、こんな句が例として語られることがある。

夕月夜　海すこしある　木《こ》の間かな

ここに描かれた光景を、頭の中で思い浮かべてほしい。まず「夕月夜」がある。その月が出ているのは海の近くなのだが、海の手前に林があって、枝や葉に隠されて海が見えない。しかし「木の間」の隙間に、向こうにある月がチラチラと見える。それは月が海を照らし、水面が光り輝いて、その光の破片が「木の間」に小さく光って見える、という光景だ。たしかに美しい。千利休の「さび」に比べると、黒ではなく白、あるいは光、ということで、まさに「きれい」さび、だ。このような美は、桂離宮での高貴な人たちの月の鑑賞の美をわかりやすくイメージできる。

ということで、桂離宮に話を戻そう。

先にも書いたように、桂離宮は「月の庭」だ。月波楼から月の出を眺め、月見台から南天の月と池に映った月を対比し、手水鉢《ちょうずばち》に映った「切り取った空」に浮かぶ月を眺め、庭を移動しながら（視点を変えながら）、西の空に沈む月までを、夜通し愛でることができる。桂離宮は、そんな月見の装置としての庭（そして建物）なのだ。

しかし現在、我々が拝観できるのは昼間の桂離宮で月を愛でることはできない。夜はこんな桂離宮の世界が現れるのかと、想像するしかない。庭を、池周りをぐるっと一周するようなルートで拝観する。

ある時、桂離宮を拝観するのと前後して、山に行ったことがあった。群馬県の赤城山頂にある覚満淵《かくまんぶち》という小さな湖で、そこを一周した。スケジュール的に近かったので、桂離宮の庭と、その山上の湖を比較してあれこれ考えたことがあった。庭園に限らないが、自分が芸術について考えるとき、芸術という人工物の世界と対比して、その正反対にある「自然」というものと比較して考察するということをよくする。自然を見た目で、改めて芸術を眺めると、新しく気がつくところがあるのだ。とくに庭園というのは、山や川、海といった自然の風景を模したものが多い。自然の風景（ここで

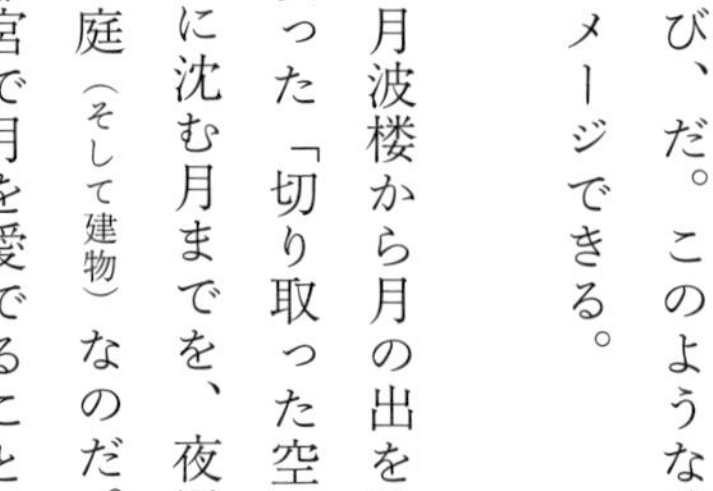

赤城山にある覚満淵

は赤城山）と、芸術（ここでは桂離宮の庭園）を比較してみよう。

赤城山の覚満淵は、山上の湖・大沼の近くにある。平坦な土地があり、そこに水が溜まって湿原になっている。その中央部がほとんど小さな湖というか池のように水を湛えている。その池の周囲は40分ほどで一周できる。その散策路を歩いてみたのだ。春だったので、アカガエルが鳴いていた。風の音もする。耳や、目を澄まして、冷涼な空気を吸い込む。池の端は土手で堰き止められて、そこから小川が流れていく。水の流れは、何段かのコンクリートの滝になっていて、水音が響く。そこにカエルの鳴き声が重なっている。覚満淵は池だから静かだが、そこだけは滝が（小さな）音を立てている。桂離宮の「鼓の滝」のことを思い出す。

池畔を歩く。水辺には整備された木道があり、湿原といっても歩きやすい。池があって、その周囲を歩く散策路があって、とその構造は桂離宮の庭と同じだ。もちろん、庭園と自然は似ているところもあるが、違うところもある。その、似たところと違うところを探しながら、散策を楽しむ。

とくに「似たところ」の多さには目を開かれた。そもそも覚満淵の散策路も、「散策路」という人が作ったもので、そこは手付かずの自然の中を歩くというものではない。ともかく、池の周囲をぐるりと歩く、その共通点に気づくと、何かが見えてきた、わかったような気持ちになってきた。

何がわかったか。そこに中心（ここでは池）があって、その周りを円環運動のように巡

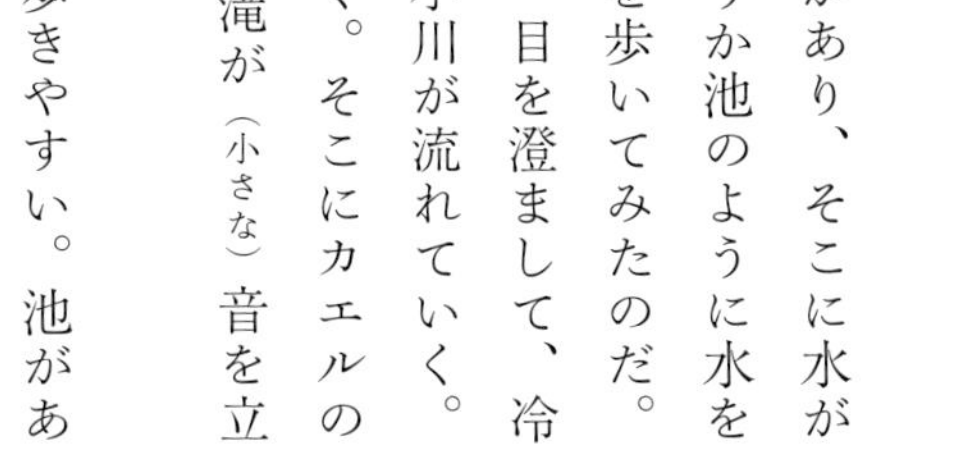

覚満淵。散策路でぐるりと一周できる

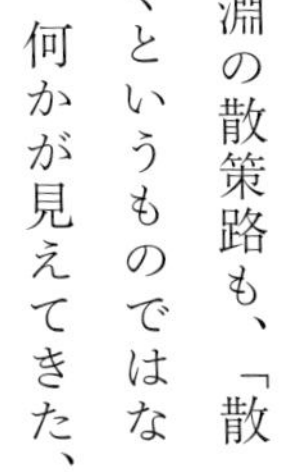
桂離宮

るのだ。これは何かに似ていないか。そう、太陽があって、その周りを公転する地球、あるいは地球の周りを公転する月、その動きの軌跡と、池の周りを一周するというものが、同じなのだ。

この赤城山の池というのは、たまたま桂離宮に行ったのとほぼ同じ時期だったので例に挙げているが、湖や池があって、その周囲を一周する散策路というのはどこにでもある。また池の周りを一周する日本庭園というのもたくさんある。例えば京都の南、奈良に近い山の中にある浄瑠璃寺は、平安時代の浄土式庭園がほぼ当初のまま現在に残る貴重な庭だが、ここも中心に池があって、その周囲を一周できる。そういう、中心があって、その周りを一周する動きが、天体の公転と同じ構造をしているのだ。

そういうふうに気がついてみると、桂離宮というものの造形の背後にある自然、さらには宇宙と結びつく。美の造形というものは、人間の作為や、あるいは脳の中からだけ生み出されるものではなく、自然との関わりの中から生まれ、またそれを鑑賞する側も、自然への眼差しを同時に持った時、造形物の美のあり方が「見えて」くる。

さらに他の世界にも目を向けてみると、中心に何かがあって、そこで丸い軌跡の運動をするというのは、いろいろな連想を生み出す。自分の脳裏に浮かんだのはインドで見たストゥーパだ。デリーから南に700キロのところにサーンチーという仏教遺

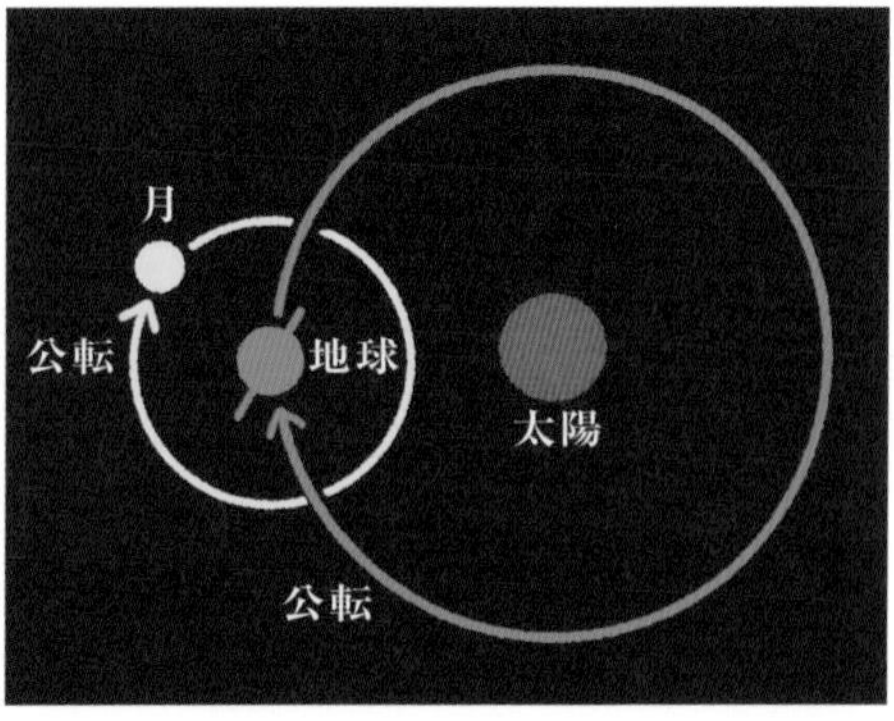

地球の自転と月の公転

跡があり、そこの釈迦の遺骨を収めた（という設定の）ストゥーパが何個かある。お椀を伏せたような形をした石の造形物で、その周囲を回りながらお経を唱え、釈迦と精神的に、あるいは（歩くので）身体的に一体化する。これが、太陽系の図のような構造をしている。人間は惑星か、という感じなのだ。あるいはストゥーパを池の位置と見立て、その周りを回るということでいえば、池のある回遊式庭園と似たところもある。

もう一枚の写真は、インドを旅して、ガンジス川で朝の沐浴をする人を撮ったものだ。ここでは身体が中心になって、そこから同心円に波紋ができて、やはり太陽系の惑星のような形をしている。

そして連想をさらに展開して（思考を楽しめば）、ストゥーパは墓なので、日本の古い墓である古墳のことにも思いが至る。古墳には丸い円墳だけでなく、前方後円墳など、幾何学的に単純な縁のものばかりではないが、周囲が堀に囲まれていて、それが庭園の池のようである。古墳の堀は、盗難防止、侵入阻止のためにあるといわれるが、そういう実用面だけでなく、人工の水溜まりの向こうに小山（＝古墳）があるという光景は、日本における庭園の起源、日本庭園の原風景、と思わせられるところもある。その水が湛えられた堀の周囲を一周すれば、桂離宮の拝観ルートを一周するのと似たところがある。

桂離宮では、庭の中心にあるのは、ただの池だが、その構造を古墳

サーンチーのストゥーパ

ガンジス川

やストゥーパと並べて考えてみれば、池は「墓」に該当するものだ。そう考えると桂離宮の庭というものが、違った相貌を持って現れてくる。それは単なる自由な連想で、インドのストゥーパと京都の桂離宮庭園に影響関係がある、などということは実証できないが、しかしそんなふうに桂離宮の庭を、自然や宇宙や遺跡と重ね合わせて考えてみることで、この庭が持っている「意味」の奥深さが立ち現れてこないだろうか。

京都の庭は、ただ土や岩や水や植物だけで構成された造形物だが、それは世界観や宇宙観を描いたものでもあるのだ。京都の庭園とはそういうもので、まさに「京都の庭園がわかれば美がわかる」ということになる。

桂離宮は、月の庭であるとともに、「宇宙の庭」でもあるのだ。

月の庭　ぐるりと　回る

information

桂離宮

１６１５年頃(江戸初期)に、後陽成天皇の弟・智仁親王(初代八条宮)が八条宮家の別邸として造営に着手し、約半世紀をかけて完成した。約７万坪の敷地に池を中心とした庭園、園路にそって古書院をはじめとする建築群が配される。作庭したのは小堀遠州やその弟子の玉淵坊などの名前が上がるが、詳しいことはわかっていない。

京都市西京区桂御園。阪急「桂駅」より徒歩約20分。または市バス・京阪京都交通バス「桂離宮前」下車後徒歩約８分。参観は申し込み制(詳細は公式サイト参照)、参観料：１０００円(参観できるのは中学生以上、中学生・高校生は無料)

V

悟りの感覚を
空間で体現する

龍安寺

龍安寺石庭

問いかけてくる庭

謎に満ちた
枯山水の石庭・龍安寺

「こんばんは、布施アカデミアですね、今回もよろしくお願いします」

この原稿は、布施英利のオンラインの教室「布施アカデミア」での講義を、文章に直して本にしたものだ。火曜の夜にライブ配信している布施アカデミアは、毎回、そんなふうに始まる。

前の章までは、その布施アカデミアで話したことを元に、加筆修正をしたものだったが、このあたりで、布施アカデミアで話したことを、そのまま文字にする、ということをやってみたい。オンラインでの講義なので動画を使ったりと、紙の本ではできないこともあるが、しかし喋ったことをそのまま文字にしてみるのも「声」というものが持っている伝える力を発揮できるかもしれないので、この章ではそういうやり方で文章にしてみたい。

……今回のテーマは、いま冒頭で映像を映した通りで、京都の龍安寺《りょうあんじ》です。龍安寺について、ちょっと龍安寺に絞って、詳しくお話ししてみたいと思います。よろしくお願いします。

それで早速はじめていきますけれども、今回は「美の教室」で、京都の、あるいは日本の美術の最も代表的なものである龍安寺の枯山水について、龍安寺の石庭ですね。枯山水庭園についてお話をしたいと思います。前回は（滞在先の）奈良からライブ配信しましたけれども、その時はWi-Fiの調子が悪くて、うまく配信できなかったですけれども、今回は（自宅からなので）音声とか、前よりきちんと届いているかと思います。その週は京都・奈良に行っておりまして、その時に龍安寺にも行きまして、今回は龍安寺についてお話ししたいなと考えています。（この布施アカデミアでは）これまで何回か、日本庭園については、桂離宮とかお話ししてきましたが、京都の庭園についての本を書く予定でおりまして（それがこの本です）、基本的には、この布施アカデミアで話したことを本にまとめるということです。だいたいの庭園については話したのですが、あと一つ、龍安寺ですね。これをちゃんと取り上げないといけないなと思ってですね、今回は布施アカデミアで話してみようということにいたしました。

そもそも布施アカデミアというのは、僕にとっては、一つの創造の場というか、アイデアを整理する場でして、今の今はまさにその現場でして、とりあえず資料（画像や動画）を揃えて、写真を映す順番とか決めて、あとはライブ配信で1時間ちょっと話してみて、その中で、きちんと（考えを）整理できないかと。あるいは、話している中でさらにアイデアが出てきたら一番いいんですけれども、そういう場としても考えております。要するに、初めからわかっていることを伝えるのではなくて、この場自体を一種の創造の現場みたいにしようと思っていまして、ともかく、そんな感じで今日は龍安寺の石庭について話をしようと思います。

龍安寺の枯山水庭園ですけれども、非常に謎に満ちているというか、そもそも龍安寺って一体おもしろいのか、美しいのか、有名だから一応褒めないといけないという、ちょっと裸の王様的なところがもしかしてあるんじゃないか、本当に素晴らしいのか、というようなことを考えてみたいと思います。

しかし、そういう問いかけがされるくらい謎がある庭ですね。芸術にとって大切なことの一つは「謎」というものであって、つまり「答えがない」ということ。尽きることのない問いかけが、次々と湧いてくる、それが優れた芸術の条件で、僕は「三大謎芸術」というのを考えていて、その一つが『モナリザ』ですね。謎の微笑みといわれるくらいなので『モナリザ』。あとは現代アートのマルセル・デュシャンの『泉』。便器を美術館に展示して「どこがアートなんだ」という謎の問いかけをした。というのがあって、三つ目の謎のある芸術が、この龍安寺の石庭、と考えていまして、今回はその龍安寺の庭園の謎に迫っていこうかと思います。

龍安寺だけでなく、京都というと、たいてい修学旅行で10代の頃に行きます。どこの中学高校かにもよりますが、僕は関東だったので、高校の修学旅行で京都に行きました。もちろん家族旅行とかでも行った人もいるかもしれません。ですので、龍安寺については何度か行った、少なくとも、一度も行ったことがない、という人はほとんどいないのではと思います。この龍安寺について、何が優れているのかを話していきます。

今回の話のメインは龍安寺の枯山水庭園ですけれど、龍安寺の敷地全体の話もしておきます。左の地図のように、池が南の方にあって、北に龍安寺の建物と枯山水庭園がある。庭の多くには、植木があったり池があったりしますが、塀で囲まれた石庭には植物がなくて、苔はちょっと生えていますが、いわゆる樹木は（庭の片隅以外には）なくて、水もないですね。

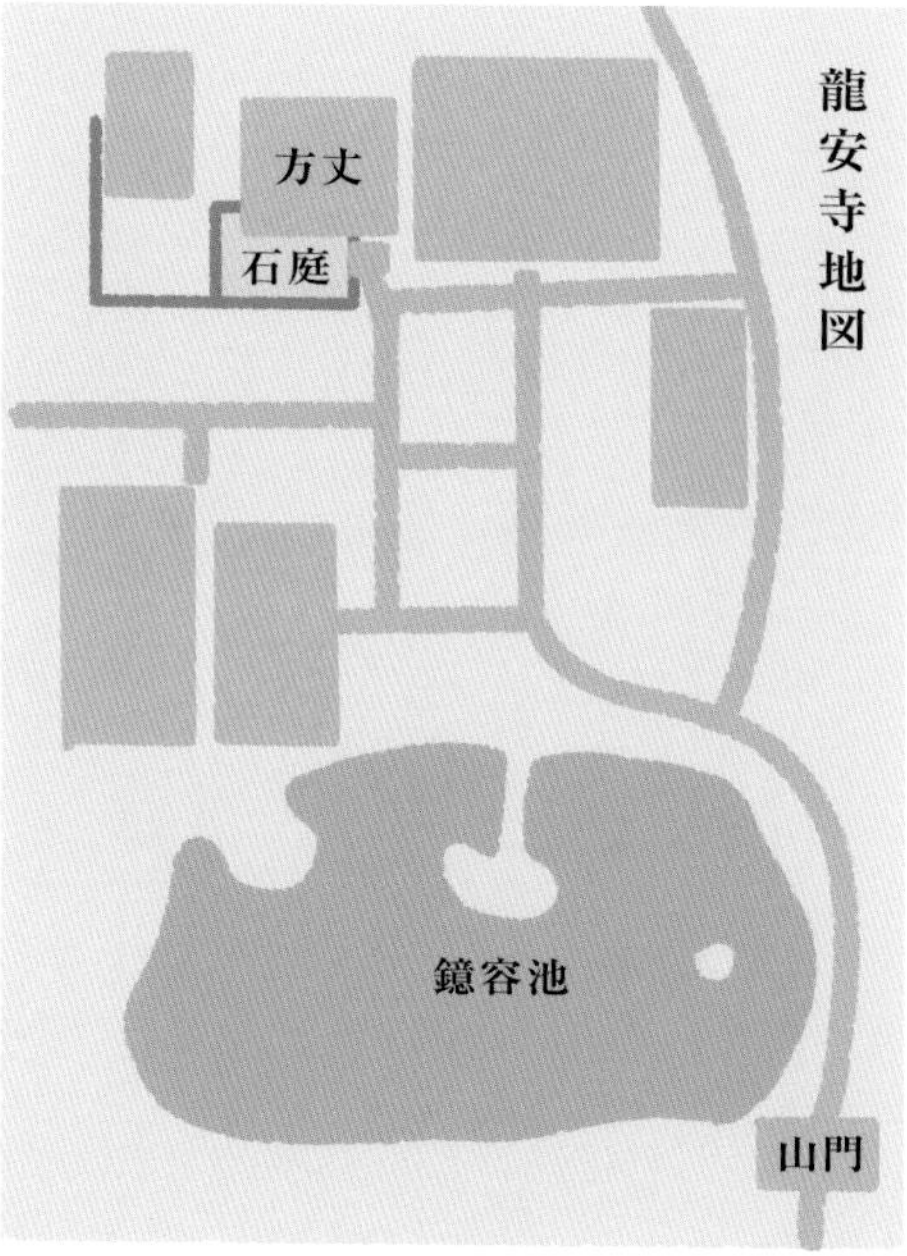

この庭園（＝敷地）全体で注目してもらいたいのは、その枯山水の手前に大きな池があるということです。作られた順序としては、まず池があってその後に枯山水庭園が作られたのではないか、と言われていますが、ともかく龍安寺で注目したいのは、この池と枯山水のセットです。

ということで龍安寺を訪ねてみます。まずはチケット売り場から池の横を通るところを360度カメラで撮影してみました。その動画を見ていただきましょう。

参道がまっすぐに伸びています。その左手に池が見えます。睡蓮の花が咲いていました。蓮と睡蓮の違いは、睡蓮が葉や花が水面に付いているのに対して、蓮は、葉も花も水面から離れているところです。モネの睡蓮もこれと同じです。ともかく、龍安寺の枯山水庭園に行く前に、そこに枯山水と正反対の、水と植物の生命の世界が広がっているんです。

それと道の両端に垣根があります。「龍安寺垣」といって、竹を細く切って、それを対角線のように交差させた模様になっています。金閣寺の垣根は縦横の垂直交差で、寺院ごとにデザインが違っている。龍安寺は、斜めにクロスするデザインなのですね。これは龍安寺つまり「龍」の鱗を暗示している。道の両側に龍の体が伸びていて、それが石段の上の建物まで続いている、というわけです。

京都の寺の垣根というのは、金閣寺もそうですが、寺ごとに

講義動画より龍安寺参道

違う。「光悦寺垣」というのは垣根の全体（=枠組み）が四角いのではなく、端のところが山の稜線のように丸く斜めになっています。この垣根に興味を持って、京都のお寺のあちこちを見て回っていると、何を見てもそういうものに目が向いてしまい、車を運転している時、道端の白いガードレールを見て、「これも日本の美だな、新しいデザインの垣根だ！」と思えてきたりもしました。ともかく龍安寺では、こういう龍のような垣根が、石段を登るように両側に伸びていて、そこを通っていくとその先に枯山水があるということになります。

まず建物に入る前に、枯山水の庭と建物の外側を見てみましょう。石庭の周囲には塀がありますが、その外側はどうなっているか、です。写真で見てみましょう［次頁下写真］。

枯山水庭園を見終わった後に、出口から出ると、このような塀の外側を見ることができる。さらに、ちょっと離れたところから見ると、塀の外は斜面になっていて、大きな岩がいくつもある。この斜面の上に屋根が見えますけれども、枯山水がある建物（方丈）の屋根ですね。その屋根の手前に塀があって、結構意外なのは、ここに岩がゴロゴロしてることです。ここには「荒々しい自然」みたいなのがあって、その斜面の上に垣根で区切って作られた人工の空間、つまり枯山水がある、ということになる。

これは室町時代の夢窓疎石《むそうそせき》の庭園の構造と、とても似ていますね。夢窓疎石が作っ

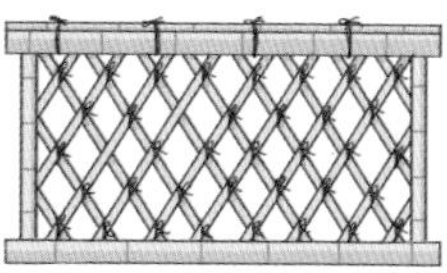

龍安寺垣

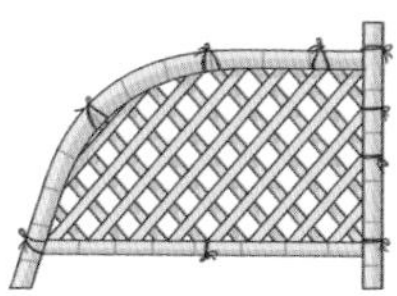

光悦寺垣

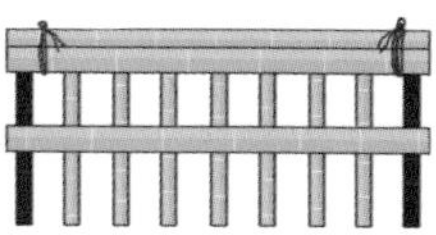

金閣寺垣

た西芳寺（苔寺）の庭は二段構成になっていて、庭の下の方には池がありますが、それと別に上の方が山の斜面になっていて岩がゴロゴロしているところがある。自然の岩を使ってはいるんでしょうけれど、夢窓疎石が若干、配置を整えたかもしれない。ともあれ、山・岩があるところと、池・苔の対比というのが、一つの世界観を構成している。

西芳寺の、山の上の岩があるところが死の世界、それに対して池があり今は苔に覆われているのが生命の世界、という対比があって、それと同じような図式が龍安寺にもある。そういうふうに見てくると、龍安寺の石庭、枯山水は、夢窓疎石が作った西芳寺の岩があるところに該当します。

また先にも書きましたが、銀閣寺もこれとまったく同じ構造をしていて、銀閣寺は西芳寺を真似して作られたのですが、池があって、裏山を登っていくと岩があったりします。ただ龍安寺は、時代的に後の時代の庭になるわけですが、龍安寺の石庭は、山の斜面ではなくて土地を平らにして、そこに岩を配している。たしかに塀の外というか下は、山の斜面で、そこに岩が転がっているんですけれども、その上の石庭のところだけは、まっさらに、真っ平らにした人工の空間になっている、そんな構造の中にあるのが、龍安寺の石庭ということになります。

龍安寺・石庭の塀の外側

借景想像図
（『龍安寺石庭を推理する』（集英社新書）をもとに作成）

それともう一つ、龍安寺の石庭には「借景」というものがあります。龍安寺は、今でこそ塀の向こうは高い木が繁っていて、樹木に囲まれていますが、この木がない状態を想定すると（それと現在は外の建物や家並みがあるが、それもないものとすると）、かつては塀の外には何もなかったようで、借景の想像図は、こんな感じになる。

この借景の光景は、現在の樹木に囲まれた光景とは違ったもので、遠景へと抜けていき、山があって空までが庭と一体化します。庭が作られた当初は、こんな光景だったのかもしれない。もちろん、今でも木をすべて切って、建物もなくしてしまえば、こういう景色が現れるわけですけれども、この借景の光景は、明らかに、山の形と、石庭の岩の配置のバランスは取れているので、この石庭は遠くの山の借景が前提で作られたものだったのかなあ、とは考えられますね。

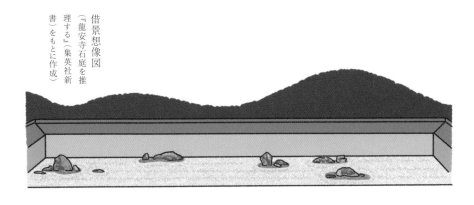

西洋的な美が秘められた石庭

これまで、龍安寺の敷地の全体の中での庭について考えてみましたが、ここからは塀の中の、区切られた石庭だけを詳しく見ていきましょう。

まず、庭の石そのものを見てみましょう。龍安寺の謎の一つは、石のクオリティが低い。つまり銘石と呼べるような美しい岩を選んで持ってきたというよりは、けっこう適当な石を使っているところがあります。もともと、創建当時の龍安寺はお寺として格が高いというわけではなかったので、財力もなく、一つ一つを選びに選んだ形とか模様とかの石を使う余裕がなかったのかもしれない。そういう見方もあるんですが、ただ一方で、適当な石がポンポン散っているこの感じというのが、洗練された京都の目利きによって選ばれたようなものではない、ある意味で肩の力が抜けたというところがあり、これはこれで、選びに選んだ岩が配置された他の庭に対する一つのアンチというか、そういうスタンスも感じられる。「適当な」という言い方が適切なのかわかりませんが、こういう石が置いてある庭は、これはこれで良いんじゃないかと思えてもきます。なので、他の京都の庭と比べたときに、石のクオリティというのからみても、画期的なのじゃないかという感じもします。

それで石の配置ですけれども、全部で15個の石が配置されている。いくつかのグループにまとまっていて、左から5個、2個、3個、2個、そして一番右手前が3個ある。

それで全部で15個になる。これらの石を、庭に面した縁側に座って庭を眺めると、どこから見ても15個全部は同時に見えないんですね。少なくとも一つは、岩の向こうに隠れている。なんで全体が俯瞰できないのか？　これもまた一つの謎になるんですね。

あと、この15個の石が「七五三配石」といわれていて、七五三というのはあのお祝いの七五三ですね。女の子が三歳、七歳、男の子が五歳の時にお祝いをするのもそうですが、もともと七五三という数字自体に、日本ではおめでたいという意味合いがあって、この龍安寺も、石が七五三で配置されているんじゃないかと。つまり、まずは左にある5個と2個の石ですね。これを足して七、次が中央の3個と2個を足して五、そして右の3個の三ですね。そうやって七五三の世界を庭に描いている。ここは臨済宗、つまり禅宗の庭なので、七五三というと、座禅して悟りを開くというよりは祝祭的な感じがします。では七五三のお祝いをするときに、

15個の石

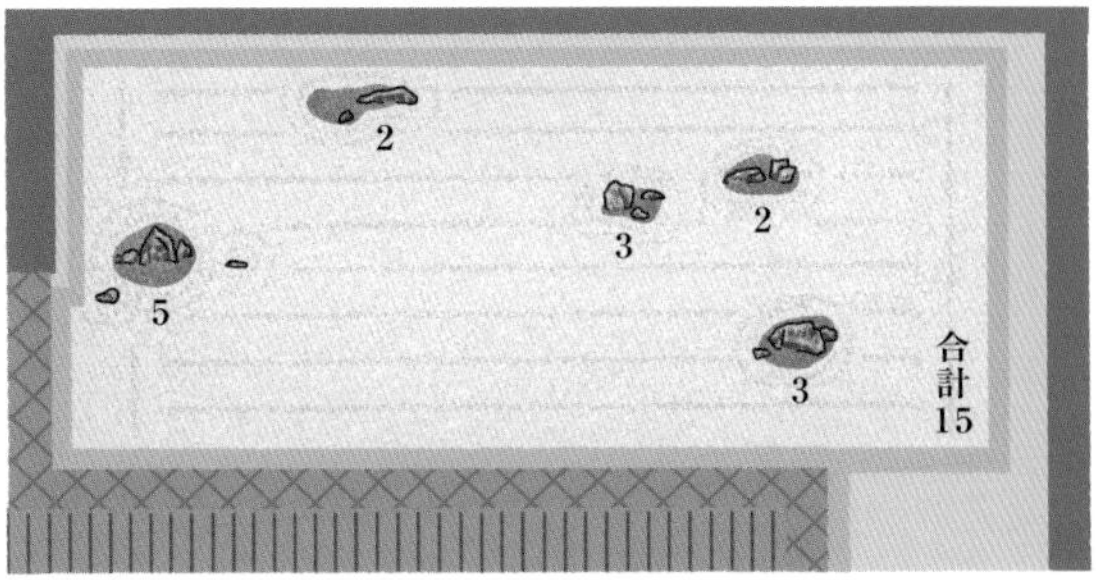

七五三の石

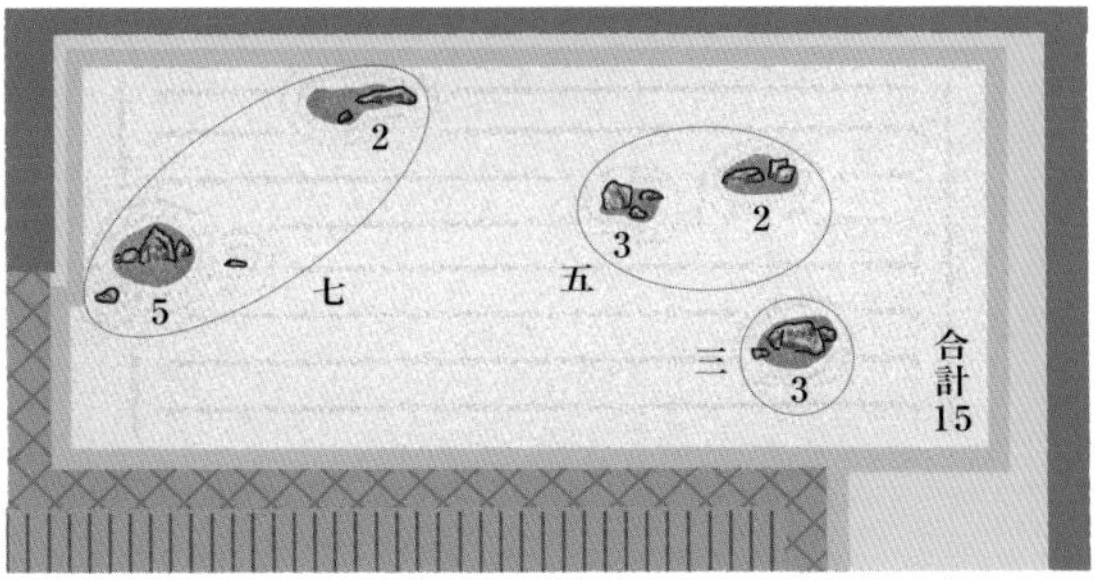

着飾った子どもたちが龍安寺にお参りをするのかというと、この庭は渋い枯山水の庭園なので、ちょっと違うという気もしますけれども、ともかく「七五三の庭なのでは」という見方もあるということです。

さらに、「扇型の配石」という見方があります。ある一つの視点から庭を見て、岩が配置されている形が扇型になる。

これも七五三と同じで、末広がりというか扇子というか、おめでたいイメージがある。

けっきょく、岩の配置が抽象絵画みたいなところがあるから、こういう見方ができるわけです。海に島が浮かんでいるという具象的な風景だという見方もあるんですけど、この庭はたいへん抽象度が高い庭なので抽象絵画として見るといろんな解釈ができる。

もう一つ、この庭石の配置から別のイメージを読み取る見方もあって、それは「心」の文字ですね。日本庭園にはよく心字池というのがあって、池の形が心という文字に似た形になっているのが作られたりしていますが、それに似ているんじゃないか。そういう感じもしなくはない、という程度かもしれませんが。

ということで、ここまでは龍安寺の解説書に書いてあるような一般的な見方を紹介してみました。ここからは僕の独自の見方というか、龍安寺は先々週に行ったばかり

扇型に配置される石

で、これまで龍安寺には20回くらい行ってますけれど、今回、布施アカデミアで話すというので、改ためて集中して気合を入れて見て、何か新しく気づくところがないかな、と思って見てきました。その中で一つ。さっきも言いましたけれど、龍安寺の石庭には石が15個あってですね、しかしどこから見ても15個全部が見えない。必ず石の向こうに隠れて見えない石がある。これは「虎の子渡し」の庭、というような伝説になぞられているんじゃないかという解釈があって、つまり、虎に3匹の子がいて、その中に1匹、ヒョウがいて、親が目を離すと他の2匹を食おうとするので、川を渡る時に子を1匹しか運べないので、子の運び方を工夫する。それを15個の岩が一度に全部見ることのできない数学的なロジックの遊びみたいなものとして説明したものです。この見方は普通に語られているもので、この間、龍安寺に行った時も、修学旅行の中学生の団体が、先生がこの虎の子渡しの説明をしているのが耳に入ってきました。その「なぜ、15個の岩が一度には見えないのか」という意味について、虎の子渡しの逸話とは別の見方で考えてみました。

　そのことは、他の説明をした後に、全部の岩が一望できない、というところに集約していこうと思うので、ここで覚えておいていただきたいのですけれど、どんなふうに隠れているかというと、例えば向かって左の石のグループですが、ここには岩が5個あります。左端の方から見ると、そんなふうに5個見えるのですが、右端の方に立って見てみると、今度は4個しか見えない。一つが、大きな岩の陰に隠れてしまって

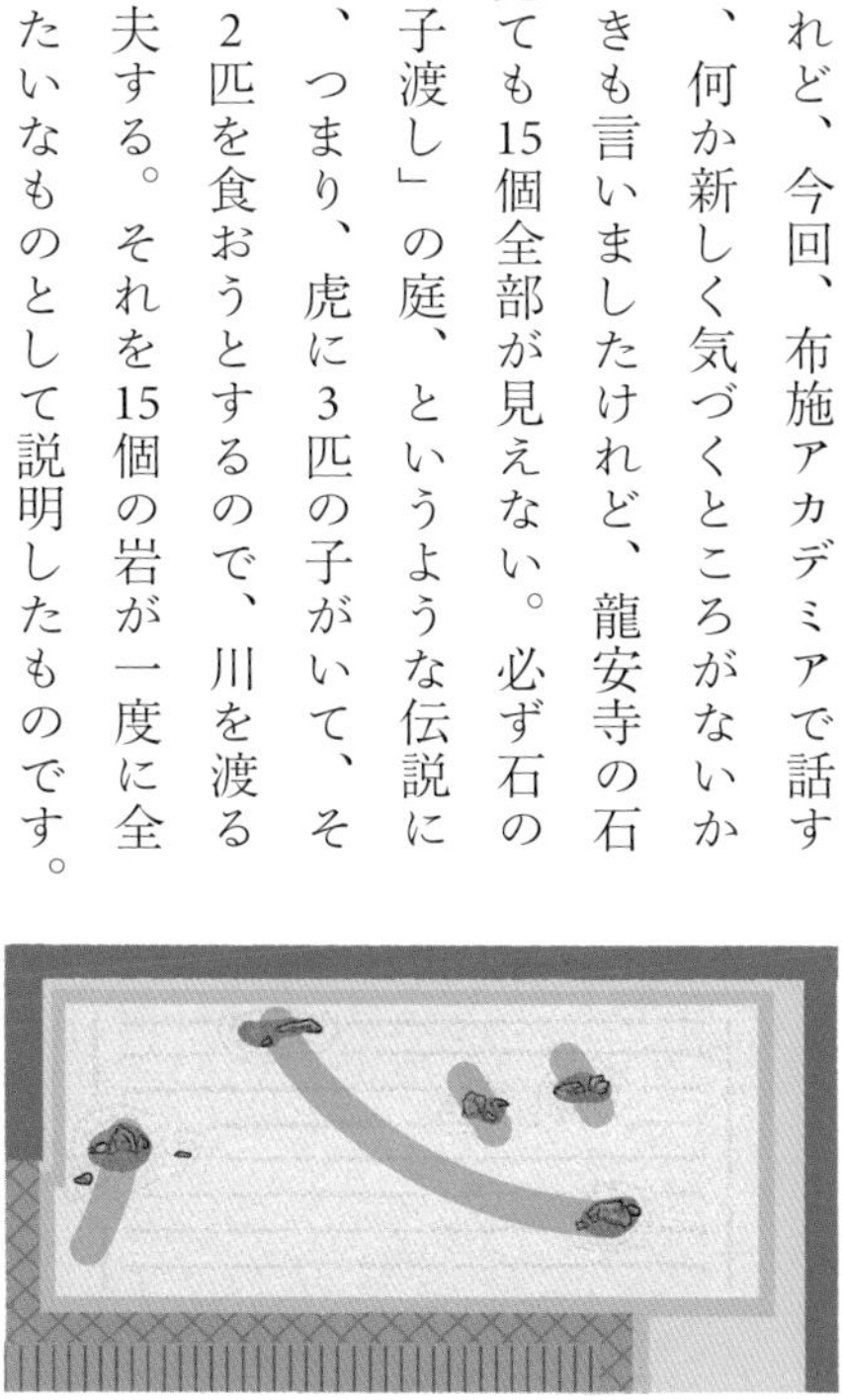

「心」字になるように配置されているともいわれる

いる。

他のところでも、同じことが起こっていて、右端にある3個の石のグループが、左端から見ると1個が隠れて2個しか見えない。ともかく、15個の岩を全部が見える視点というものはないのです。

それで、「虎の子渡し」とはいうんですが、岩が隠れるのは、左端の5個の岩のグループと、右端の3個の岩のグループのどちらかだけなんですね。この15個の石の配置ですね、これはどんなふうにして作られたのでしょうか？　15個の岩が同時期に並べられたのかもしれませんが、この虎の子渡しの、岩が隠れるのは両端の岩のグループがメインで、それ以外は関係していないんです。つまり、もしかしたら真ん中の3グループは、庭の作庭の第二期に、後から置かれたものではないのか、とふと思ってしまったんですね。この庭の配置は、両端のグループが大きく、中のものは小さいので、中のところが奥行きがあるような、遠近法的な構図を作り出すという効果があって、これらの岩が石庭の空間の構成にとって重要な役割を果たしてはいる。そういう意味では15個全部の岩が配置されていることによって、特徴のある一つの空間が作られるんですけれど、もしかしたら、これ、両端の2グループだけの庭でも成立するんじゃないかと思って、写真を画像加工して、真ん中の3グループの岩を消してみたんです。

比べてみると、どうですかね。15個全部ある方がごちゃごちゃしていて、岩を消し

正面から見ると5個

向かって右から見ると4個

た方が緊張感みたいなものがあって、シーンとした厳しさというか、余白の美しさみたいなものがあります。これは誰も唱えていない僕の仮説ですが、この石庭はそんな二段階で作られた結果が今日の状態なのではないかと思ったりもします。謎がある、というのはそういうことで、いろんな解釈をする楽しみがあって良いのでは。しかも、実際これは（岩を消したものは）美しいですよね。

こういう右と左の端が対になって、他が余白になっているというのは、日本の美術においてしばしば見られる構図なんですね。例えば、俵屋宗達の『風神雷神図』ですね。尾形光琳の『紅白梅図屏風』もそうですね。龍安寺石庭の左右の岩だけを残した景色というのは、それと同じ構図であって、これはこれで一つの完成した庭なんじゃないかな、というふうにも思えます。

さてここから話がだんだん、細かくなってきます。次の庭の見方として「黄金比」の話です。宮本健次

本来の石庭

中央の石を消した石庭

さんが『龍安寺石庭を推理する』（集英社新書）で仮説として書いていることですが、「龍安寺の石庭には、黄金比というものがあるんじゃないか」と言うんです。

まず一般的な話として、黄金比とはどういうものなのか、を説明しますと（これは『龍安寺石庭を推理する』に書いてある内容ではなく、布施の説明です）、黄金比というのは、ある比例の数字で、

1：1．6180339887・・・

というものです。大雑把に言うと、1対1・6の比率ですね。黄金比というくらいなので比率なんですけど、ある計算をしていくと出てくる数値なんです。ここでは、美術の話なので数字ではなく図を使って説明しますが、縦が1、横が1・6の長さの長方形を描いてみます。これを「黄金長方形」といいます。

黄金比は、線の長さでの比率とか、黄金比の三角形とか、いろいろあるんですが、ここでは黄金比の長方形を使って説明してみます。黄金比の数字、1・6180339887・・・は、記号で「Φ」とも書きます。

このΦ対1の長方形の中から、正方形を抜き出します。つまり一辺が1の正方形ですね。そうすると、残りの部分が長方形になります。この長方形が、なんと長辺がΦ、

短辺が1の比率なんです。つまり、もう一つの小さい黄金長方形が現れる。そうなると、あとは同じことを繰り返していけば良いので、無限に小さい黄金長方形が描けるんですね。

つまり、黄金比って、美しい比例、という言い方がされますけど、美しいという以前に不思議ですよね。ある形があって、それと同じ形がその中に無限に続いていく。そうなる形を数字の比例で計算すると、1・6180339887・・・になるというわけなんです。これが黄金比です。

宮本健次さんは、この黄金比が、龍安寺の庭にはあると言うんです。『龍安寺石庭を推理する』（集英社新書）には、こんな図が載っています［190頁下図］。石庭にある岩を作図に使っているんですが、まず庭の奥行きを1として、横幅を1・618のところに線を引くと、そこに岩があって、黄金比の長方形が現れる［191①］。

そしてこの長方形に対角線を引くと、その線上に石が並んでいる［同②］。これは、この黄金長方形の存在を暗示している。これは偶然ではないのではないか。さらに、この対角線から直角に線を引くと、左の大きな岩の上を通［同③］る。またこの庭全体の対角線上にも岩がある。こういう幾何学的な一致は、偶然とは思えない。

そして残った部分（左端）に、縦長の黄金比の長方形が現れる。先ほどの黄金比の説明では、大きな黄金長方形の中に小さな黄金長方形があるということだったですが、

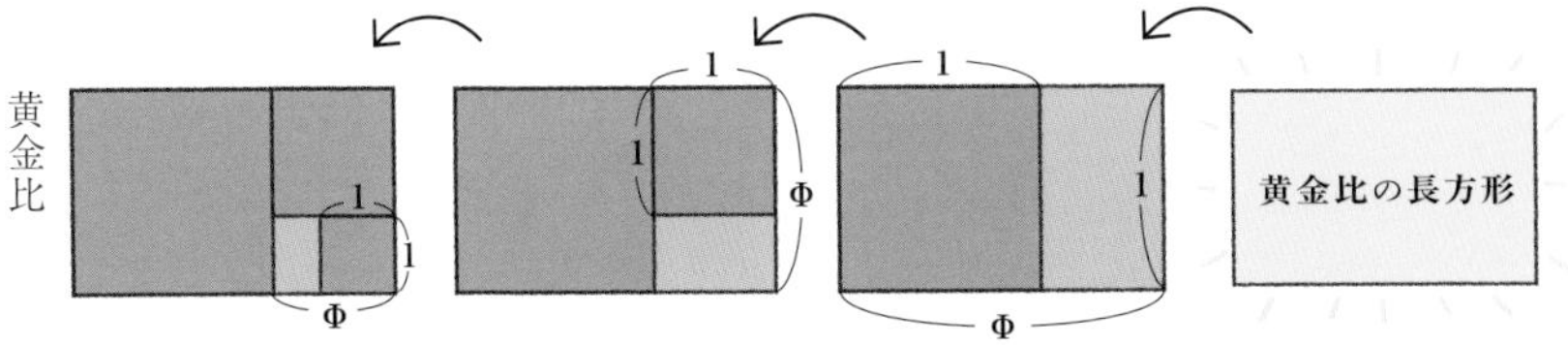

龍安寺の庭では黄金長方形の外に、小さな黄金長方形がある。しかしこれも黄金比を示してはいます。そんなふうにして、次々と隠された黄金比が現れてくるというんです。ともかく、龍安寺の石庭には黄金比が隠されている、と。

そもそも黄金比というものは、西洋で古代ギリシアの頃からあって、ルネサンスのレオナルド・ダ・ヴィンチなども研究していたものです。要するに西洋のものなんです。一方、龍安寺は日本の京都にあって、日本の心を体現している庭だ、というふうに思われているところもある。そこになんでこんな西洋的な美の秘密が盛り込まれているのか。

じつは龍安寺というのは、今でこそ有名で人気のお寺で、一日何千人とか、ものすごくたくさんの人が訪れるんですけれども、50年くらい前はここまで多くなかったんですね。それなりに、何か素晴らしい庭なのじゃないかとは思われていたんですけれども、今ほど有名じゃなかった。それが昭和50年（1975年）のことなんですけど、イギリスのエリザベス女王が来日して、その時に京都に行って龍安寺も拝観したんですね。それで「エリザベス女王、京都を訪れる」みたいなニュースが世界中に配信されて、その時に龍安寺の映像が流れて、ヨーロッパの人が「なんじゃ、この庭は！」というので注目され、それがき

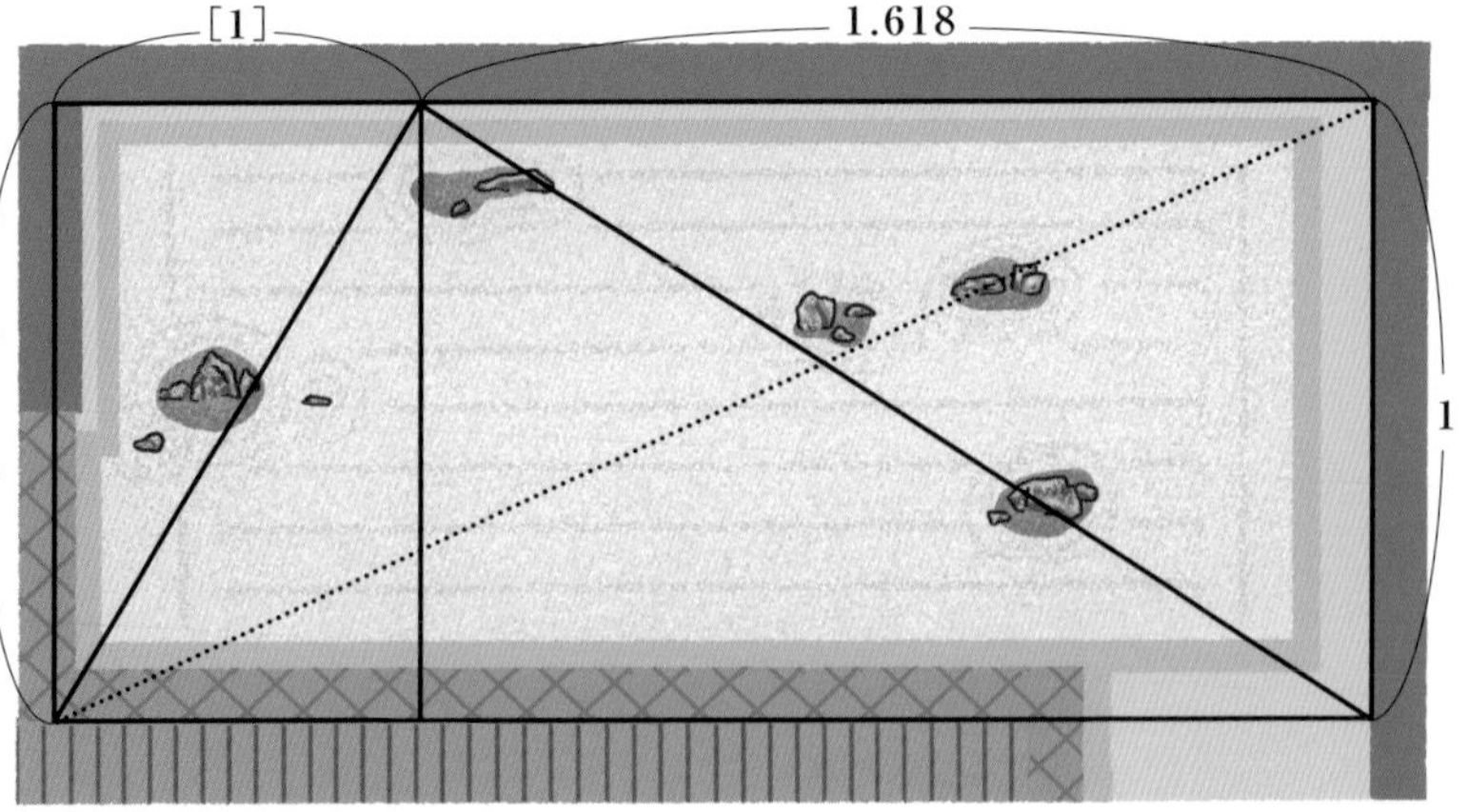

龍安寺の黄金比
（『龍安寺石庭を推理する』をもとに作成）

っかけで有名になったというのがあって、龍安寺の魅力を「発見」したのは、実は西洋の眼なんです。今、黄金比の話をしてこのあと遠近法の話をしますけど、どうやら西洋の美というのが、この庭にはあるんですね。たしかに日本には、戦国時代から安土桃山時代にかけて南蛮文化というのがあって、その後も江戸時代とかにキリスト教、隠れキリシタンとかあって、ヨーロッパの文化というのが、かなり入ってきていた。もしかしたら、その頃にこの庭が作られた。龍安寺石庭の制作年についてはいろいろな説があるのですが、制作年も謎で、誰が作ったのかというのも謎だったりするんですけれども、少なくとも龍安寺の石庭に黄金比があると考えると、それはその頃に西洋から入ったものだったのではないか。だから昭和の時代に、西洋の人はこの庭の映像を見て、この庭の美や思想を理解し、受け入れた、つまり西洋の眼が龍安寺石庭の魅力を発見したということが考えられるのです。

それでですね、だんだん龍安寺の庭の見方の、クライマックスへといくんですけれども、ここまでは平面図で龍安寺の石庭の構図を見てみましたけれども、次

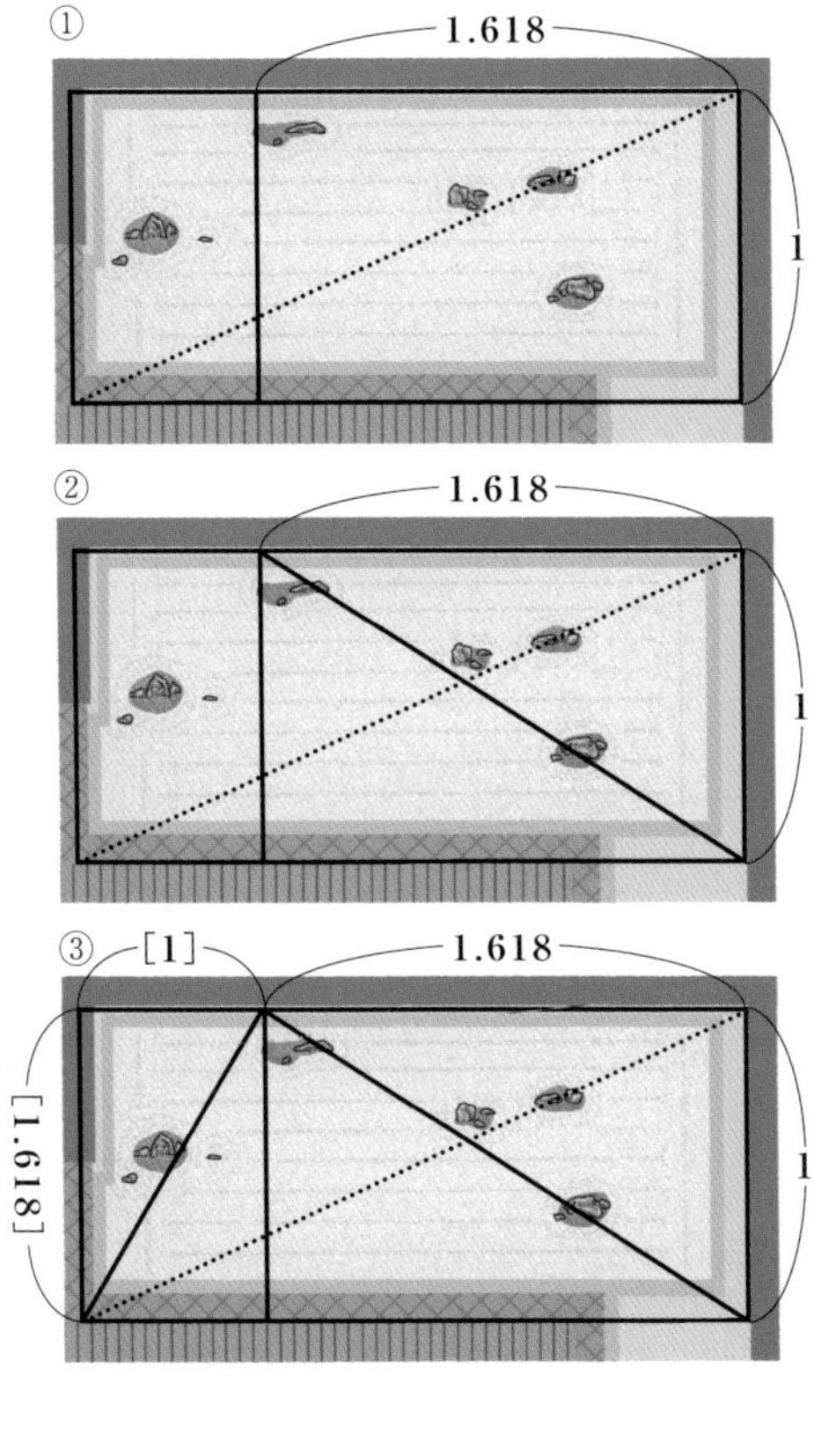

は平面ではなくて立体で、この庭の空間の構造ということを見ていこうかと思います。

この庭は、まず白い砂が敷いてあって、岩が配置してあって、その向こう側に塀があるんですね。「油土塀」といって、土に油を混ぜて固めたりして作ったものです。

龍安寺は何回か火事になって、土塀に模様があるんですけど、火事で焼かれた焦げ跡も残っていて、いろいろ古い模様がついています。この油土塀の上に、葺《ふ》いた屋根があって、庭の奥の方が低く見えて、手前が高く見えます。これ、遠くのものが小さく見える縮小の効果もあるんですが、それだけじゃなくて、写真の歪みでもなくて、実際に奥の方の屋根が低くなっているんです。なんでこんな作り方をしたのかっていうのは謎なんですけど、ともかく、そんなふうに、あえて作ってあるんですね。

この塀の高さの歪みから、遠近法の効果が出てくるんですね。つまり線遠近法というのは、消失点というのがあって、そこに向かって平行線の幅が狭くなって、消失点に線が集約していきますけど、それに近い視覚的な効果があります。なので庭の左端の方から見ると、この庭の向こうの角が、実際の距離よりも奥行きがあるような遠近法のマジックみたいなのが、現実の庭なのにそこにある。

そういう遠近法の効果によって、奥行きが増幅し、細長く伸びた庭みたいになって、左端から見ると、川のように見えてきます［次頁写真A］。また庭に向かって右端に行って庭を眺めると、今度は庭の奥に向かって遠近法が強調されます。右側の油土塀が、奥に向かって狭くなっているので、奥行き感が増しているのです。だから、広大な感

奥へ低くなっていく油土塀

じがして、それが海の光景に見えてもきます［写真B］。

一つの同じ庭なのに、立つ場所（＝視点）によって、川にも見えれば、海にも見える。ちょっと驚きの庭です。そもそも日本庭園というのは、例えば大徳寺大仙院の庭は、方丈という建物の四方に庭があって、ある箇所には山奥の渓流の風景が再現されていて、別のところは大河、そして別のところは海の風景になっていて、建物の縁側を一周すると、山奥の源流から海までの川の光景を移動しながら見ることができたりする。そういうモチーフの庭が日本庭園には多いですけど、龍安寺の石庭は、一つの庭の中に、視点によって、川にも海にも見えてくるという魔法のような庭なんですね。一つの庭に、二つのイメージが隠されている。龍安寺に行かれたら、是非、庭の左端と右端に立って、空間を見比べてみて下さい。

大徳寺大仙院の庭について言及したので、ここでもうちょっと、脇道に逸れますが（龍安寺の話でないですが）、大仙院の庭について話してみたいと思います。

さっきも言いましたが、方丈の建物の四方にある庭で、北東のところに山奥の渓流の光景が造形されている。渓流なので、川の水の流れも早く、そういう急流の感じになっています。この間、大仙院にも行ったのですが、他の日本庭園に比べると岩がいっぱいある。その密度がすごい。ぎっしり岩が詰まっていて、すごくエネルギッシュな感じがして、そこから下流へと川が流れていく。その先にある庭は、地面も平らになって、川も大きくなって、平野を流れる川の上流・下流・中流でいえば、中流です。

［B］右から見るか

［A］左から見るか

岩も疎になって、人生に例えると、山奥の渓流がエネルギッシュな青年期だとしたら、中流はちょっと落ち着いてくる中年の時代ですね。さらに進んでいって、縁側の角を曲がると、白砂だけがあって岩はなくなる。これは川の河口ですね。穏やかな老境というか、そんな雰囲気の空間です。そして正面に行くと海があって、悟りの心を表している。大徳寺大仙院には、建物の周りに、そういう光景が広がっている。枯山水の川と海の光景というとそういうもので、そんな海と川が「一つ」の庭の中に入っているのが龍安寺の石庭ということになります。それを支えているのが、遠近法の空間造形であるということです。

この庭の油土塀は、屋根の高さが手前と奥で違っていて、それが遠近法の効果を生み出し、現実の中に絵画的なフィクションをミックスして、庭という現実の空間でありながら、庭という現実でない空間を現出させている、ということを話しました。

さらにもう一つ、それ以外に、この庭には遠近法を作っている秘密があって、それは白い砂が敷き詰められている地面。これが実は水平の面ではない、ということなんです。この龍安寺の石庭は「地面が傾いている」という話を最後にして、それを実感した時に、この庭がどう見えるのかということを話してみたいと思います。

これを知ったのは前出した『龍安寺の石庭を推理する』でした。その本に、共にこんな図［次頁下図］が載っています。

右の、油土塀が低くなっている、という説明に加え、地面が奥から手前に「低くなっている」、そして左から右に「高くなっている」と書かれています。本当に、そうなのか。だとしたら、この地面の傾きは、この庭の空間表現にどのような効果を生み出しているのか。そういう目で、この庭を改めて見てみることにしました。

この庭の地面が本当に傾いているのか、庭を縁側から見て判断するしかないので、デジカメの液晶画面に水平軸の線（水準器）が表示されるものがあるので、それを補助的にも使ってみました。すると、たしかに庭の地面は、左から右に高くなっているのです。

この庭の地面の傾きは、右の奥がいちばん高く、左の手前がいちばん低い、というものです。右の奥というのは、油土塀の高さとの関係で「遠近法の消失点」であった箇所です。つまり、地面の傾き方においても、その消失点に向かって地面が高くなっているので、この庭の遠近法の効果は、さらに補強されているということになります［196頁下写真］。

ともあれ、この庭の空間は、普通の水平な地面や、水平な屋根ではなくて、奇妙な歪み方をしているのです。この庭の前に立って、この歪みを感じられるのか、それが「龍安寺の石庭を見る」という時に、いちばん感じないといけないものなのですね。

この間、龍安寺に行ったときは、東京藝大の美術解剖学研究室の大学

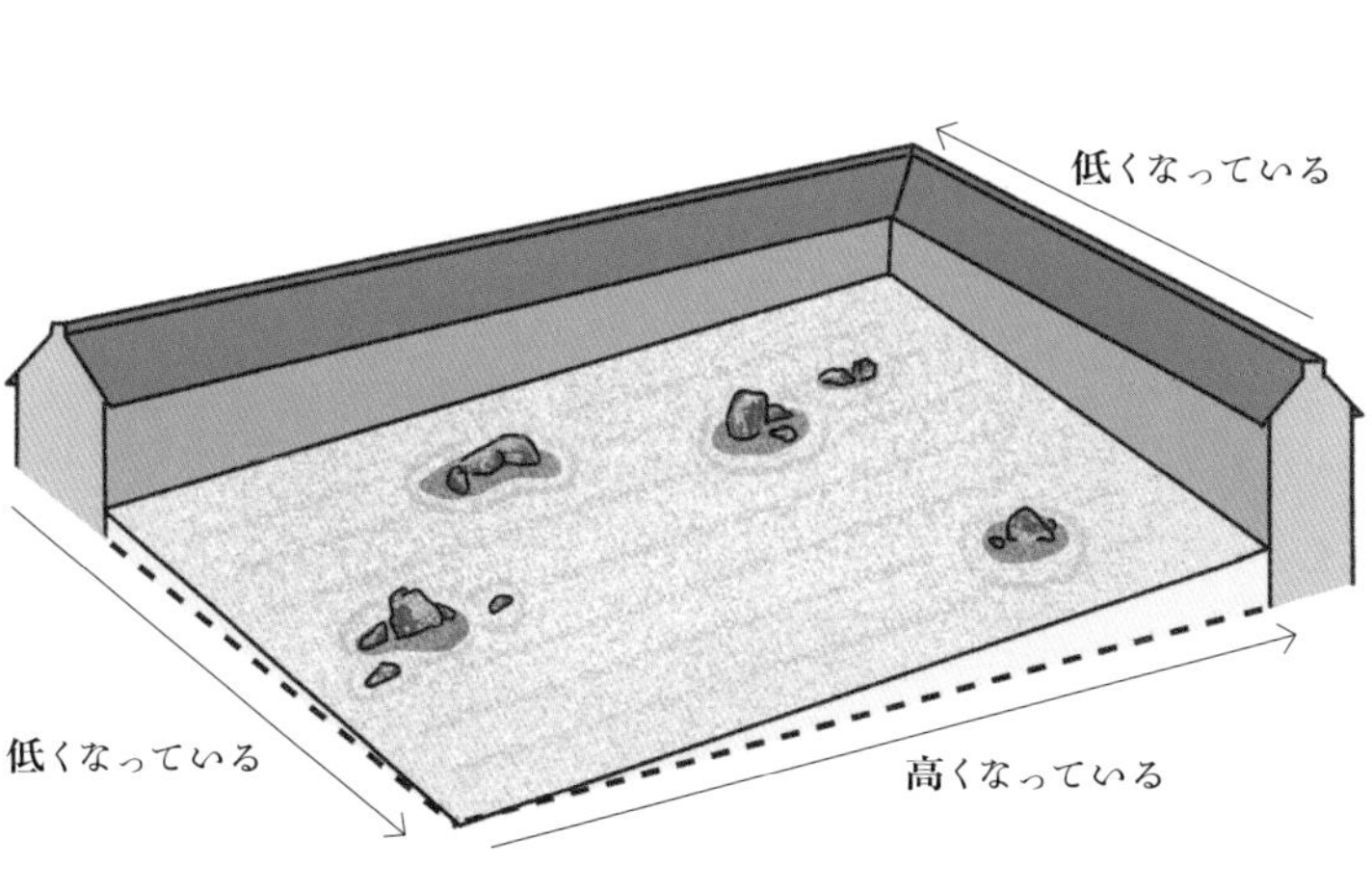

龍安寺のパース
（**『龍安寺石庭を推理する』**を
もとに**作成**）

院生と行く古美術研究旅行だったので、美術を専攻する若い大学院生と一緒だったんですね。龍安寺の拝観にあたっては、前の晩に上記のような油土塀や地面の傾きについては説明しておいたので、そういう見方で実際の庭の前に立ったわけです。そういう予備知識があったんですが、入り口をはいってこの庭の前に立った時に、ある学生が「えー、空間が、歪んでる〜」と言う。自分も耳の中の三半規管にある平衡感覚がちょっとおかしくなって、いったい、どこが水平の軸なのか、どこが地球の重心に向かう重力の軸なのか、見ている光景の中で捉えられなくなった。普通の景色だったら、水平・垂直の軸は意識するまでもなくわかりますが、この庭は、空間が歪んでいる。まさにそれが、この庭が表現していることですね。

この庭の前に立ったら、その歪みを体感するところから鑑賞に入っていただきたい。ともあれ、この庭は「遠近法の庭」なのです。庭の右奥に向かって、遠近法の消失点に向かう庭なのです。

そこで、ここで、そもそも「遠近法の消失点とは何か」ということについて考えてみたいと思います。

次の写真を見て下さい［次頁右下写真］。これはドイツを旅している時に、街を歩いていて、ちょうど遠近法的な空間があったので撮った写真です。ここで注目していただきたいのは地平線です。地平線、あるいは地面ですね。地面があって、その奥に地平線があるわけですけれども、地平線の高さが、どこにあるかというと、写真に目のマ

水準器を表示して撮影

ークを描きこんでみましたが、これは写真を撮っている人の視線の高さなんですね。写真なので、カメラがある高さといってもいいですが、撮っている人、見ている人の高さなんです。そこでこの写真に地平線と空を描きこんでみます［左下写真］。

つまり遠近法というのは、単に空間の奥行きを示すものではなくて、大地と空の位置関係を見せてくれるものなんです。もっといえば、遠近法とは地平線と関わっている。遠近法は、地球という大地の、絵画の科学なんです。

以前、長男の琳太郎が高校の時に美術の予備校に通っていて、そこで遠近法の理論を学んだときに言っていたんですが、「遠近法を意識し始めると、地平線が気になる。街にいても、地平線は建物に隠れて見えないけど、その向こうに地平線がある、それは遠近法の消失点へと向かっている」と。それから大学で美術を専攻して、一緒にイタリアを旅した時、ミラノから列車に乗ってベネチアへと移動したんですが、車窓の景色を見ながら、「イタリアでルネサンスの頃に遠近法の絵画が発達したのは、こういう大地が広がっている景色の中で暮らしていたからかもしれない」と言っていました。ともかく、遠近法というのは、大地の、地球との対話、のようなものなのです。

という話を前提にして、再び龍安寺の石庭に話を戻しますと、その奥にある油土塀なんですが、他のお寺の塀に比べると、かなり低いんです。高さが2メートルくらいで、縁側から立ってみると、塀の向こうが丸見えなんですね。本来、塀というのは視線を遮るためのもので、視線より高くないといけないんですが、龍安寺の塀は低い。

ドイツの街

地平線の高さ

この低さが、縁側に座って庭を見ると、目の高さが、屋根の高さと、ちょうど重なるんです。

　ちょうど研究室の学生さんが、座っていたので撮らしてもらったのが下の写真です。塀が、遠近法の地平線のようになっているんですね。違ったアングルから撮ると、今度は消失点と目の高さが重なる。つまり、ここに大地という軸、地球という光景の軸がある。この土塀の線というのは、地平線、遠近法の基準となる線なんですね。

　しかし、その軸は同時に傾いている、歪んでいるんですね。これは地球のありのままの空間感覚ではない。歪んだ空間なんです。では、それは一体、何なのか？

　私たち人間は、ずっと地球で暮らしているので、地球の重力の中に溶け込んで生きている。だから無意識のうちに、地球の重力の線とはどういうものか、わかっている。水を垂らせば、その落下の軌跡は、重力の線と一致しますが、その線のことは（無意識であっても）わかっている。

　ところが、龍安寺の石庭は、現実の地上であり、地平線らしき線も土塀としてあるのですが、そこが「歪んで」いる。歪んでいる、ということは地球の法則から外れている、ということです。それは、宇宙といっても良い。龍安寺の庭には、宇宙の無重力空間のような感覚が作られているのです。

　ここで前の方で説明したことを思い出していただきたい。龍安寺の石庭には15個の石があって、どの視点から見ても、必ずどれかの石が隠れていて、全部を同時に見る

目線は地平線と同じ高さ

目線と消失点は同じ高さ

ことができない。

ところが、実は一つだけ、この庭の15個の石を一目で見ることができる視点があるのです。いったい、そんな視点がどこに？

それがこの庭の空間が歪む感覚と関係しているのです。

つまりこの庭には、地球の「重力の軸」を無効化するような、空間の歪みの効果がある。では重力の軸が無効になるとどうなるか。無重力になる。だから「視点」も浮遊することができるのです。庭の前にいる自分の視点が、ドローンのようになって空中を浮遊する。すると石庭を上から見下ろすことができる。その時に、15個の石が、同時に見える！

禅の庭における「悟り」とは、このようなものなのではないでしょうか。現実の縛りから自由になった時、それまで解けなかった正解が得られる。

もちろん、石庭の前にいる自分の身体は、浮遊なんかできません。しかし歪んだ空間の中で、想像力を働かせ、この庭は上から俯瞰してみる。この庭が見せようとした景色は、そういうものだったのでしょう。

それが龍安寺の庭なのです。

歪む庭　宇宙《そら》の　眼差し

information

龍安寺

臨済宗妙心寺派の寺院で、山号は大雲山。室町幕府の管領であった細川勝元を開基とし、1450年に義天玄承によって開山された。石庭は室町時代末期に作庭されたと伝わるが、諸説ある。

京都府京都市右京区龍安寺御陵下町13。京福電鉄北野線「龍安寺駅」より徒歩約7分。市バス「立命館大学前」下車後徒歩約7分、または「竜安寺前」下車後すぐ。拝観時間：［3月～11月］午前8時～午後5時、［12月～2月］午後8時30分～午後4時30分。拝観料：600円（大人）

vi

京都の
庭園から
現代アートへ

1 イサム・ノグチの庭

ニューヨークの京都

ニューヨークにイサム・ノグチ財団・庭園美術館（ノグチ美術館）という美術館がある。日系アメリカ人の彫刻家イサム・ノグチの作品を集めた美術館だ。ここを、私のような（日本人の）人間が訪れてみると、アメリカ生まれながら、小学校時代を日本で過ごし、彫刻家になってからも日本とアメリカを行き来し、世界的な評価を得たイサム・ノグチという彫刻家を、「ああ日本人でもあったイサム・ノグチは、こんなにも国際的な現代アートの巨匠だったのだな」と思ってしまうが、ニューヨークという街の中でのこの美術館のポジションは、ちょっと違うのかな、とも思ってしまう。というのは、美術館のミュージアムショップをみると、京都の庭園の写真集や、日本的なグッズが並んでいて「ここはニューヨークの中の京都」、京都や日本の美の世界に想いを馳せるような役割の場所なのだ、と思わせられる。京都の庭園という、磨き上げられた美の世界が、ニューヨークで展覧されている。いわば京都の庭園の美の遺伝子は、こんなふうにニューヨークという現代アートの世界で継承され花開いているのか、と思わせられる。

そんなニューヨークのノグチ美術館について書いてみよう。まずはその生涯を年表的に辿ってみよう。

イサム・ノグチは1904年（明治で言うと37年）に、ロサンゼルスで生まれた。父は詩人で英文学者の野口米次郎、母はレオニー・ギルモア。3歳の時に来日するが、父とは別居で、母と二人暮らしをした。14歳で単身渡米、ニューヨークで美術学校に通い、彫刻家を目指し、ブランクーシ（世界的な彫刻家）に弟子入りしたりした。27歳の時に日本に戻り、京都の庭園を見て回ったという。やがて彫刻家として頭角を現し、巨匠の道へと進んでいった。女優の山口淑子と結婚し、鎌倉で暮らす。その後、画家のフリーダ・カーロと付き合ったりもした。女性関係も華やかな人生だった。

そんなイサム・ノグチの美術館が、アトリエにしていた香川県の牟礼《むれ》と、ニューヨークに、イサム・ノグチ庭園美術館として残され、札幌では「地球を彫刻する」とも称されるモエレ沼公園の計画も行った。この三つがイサム・ノグチの美の世界を巡礼するための聖地ともいえる。そして、84歳で死去。

では、ニューヨークにあるノグチ美術館とは、どのようなものなのだろう。

イサム・ノグチ財団・庭園美術館
(Noguchi Museum)(ニューヨーク)

その前に、香川県にあるイサム・ノグチ庭園美術館だが、そちらは石の町・牟礼に、イサム・ノグチがアトリエを構え、1年の半分ほどをそこで過ごした。そのアトリエの制作現場が、イサム・ノグチの死とともに時間が止まったように、そのまま美術館として公開されることになったものだ。アトリエの横には、移築した江戸時代の武家屋敷を住居とし、改装した家の中にはイサム・ノグチの石の彫刻や灯りが置かれたりしている。イサム家《や》と呼ばれている。

今でこそ瀬戸内海の直島などに、古民家と現代アートが出会う場などがあるが、それに先立ち、日本の古い美と、現代美術が同居する空間を、イサム・ノグチが作っていた、というわけである。

さて、ニューヨークのノグチ美術館だ。建物の中や、外の庭に、イサム・ノグチの抽象彫刻が所狭しと並べられているが、庭は枯山水のような庭になっている。枯山水みたい、といっても、間に樹木があり、また置かれている石は彫刻なので、いろいろな形に造形されている。

建物は、工場の跡地だった場所で、イサム・ノグチがそこを制作現場にして使っていて、亡くなった後に美術館になった。

展示されているイサム・ノグチの作品は、どれも石を彫刻したものだが、石だけでなく「水」を作品の素材に取り込んだものがある。石の上部に窪みがあり、そこに水

水が溢れ続ける石の彫刻『The Well (Variation on a Tsukubai)』

が溜まっている。というか、その窪みが水道とつながっていて、水は供給され続けるので、窪みから溢れ、石の外側の側面を伝って落ちる。日本の茶庭にある蹲《つくばい》を抽象彫刻にしたような作品だ。

水と石が作る世界といえば、日本庭園では池泉式庭園がそれだが、あたかも日本庭園の一部を切り取って、新たに彫刻の宇宙を作ったような作品だ。水を使った彫刻というイサム・ノグチの芸術にとって、そのベースにある一番大きなものは日本庭園で、この「溢れる水」というのは、日本庭園の滝のことなども連想させる、小さな美の宇宙なのだ。

素材の組み合わせといえば、イサム・ノグチには、石と水だけでなく、石と金属を組み合わせた作品や、あるいは陶芸の作品、さらには紙の和紙と竹で作った灯りなどの造形もある。しかし、こういう水と石の作品というのは、いかにも京都の庭園の美が、ニューヨークの街でモダンに甦ったようにも見え、たしかにここはニューヨークの中の「京都」なのだ、と思わせられる。イサム・ノグチは、水を使った造形ということでは、大阪万博の時に噴水を作ったりもした。水（とそれが噴き出す岩）の造形は、イサム・ノグチにとって、京都とモダンが結びついた美の華、というふうに思わされる。

ニューヨークのノグチ美術館には、何度か行ったことがあるのだが、雪の冬の日に訪れたことがあった。庭の彫刻にも、うっすらと雪が積もっていて、白いベールのように薄い、わずかな量の雪によって、黒い石の彫刻に白い影が落ちたような膜ができ

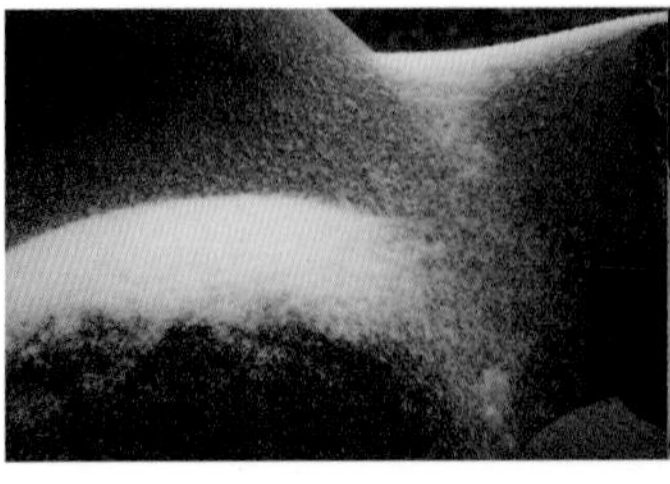

雪の日のノグチ美術館。『Practice Rocks in Placement』（右写真）、『Practice To Darkness』（左写真）

て、雪で彫刻が違ったふうに見えた。

イサム・ノグチは「庭」というものを重視したが、庭には雨が降ったり雪が降ったり、晴れていたり、夜があったり、四季があったりと、気象や、夜昼といった時間など、いろいろな自然と共にある。雪景色の中で一変した彫刻の庭に、そんなことを感じさせられた。

さて。

日本庭園にとって、石は重要な素材だ。枯山水の場合、大きな岩と白い砂が使われる。京都の庭園の場合、白砂は「白川砂《しらかわすな》」で、かつては京都の白川で採れた。純白というよりは、ややグレーというか、温かみのあるクリーム色っぽくもある。そして岩には、いろいろな岩石が使われる。

２０２１年に上野の東京都美術館で「イサム・ノグチ　発見の旅」という展覧会が開かれた。会場には、イサム・ノグチの石の彫刻、紙の照明作品などと共に、イサム・ノグチが使う石のサンプル展示もされていた。ここでは、その石の展示を紹介しながら、石そのものについて書いてみることにしたい。

会場に並んでいたのは、石の種類のサンプルで、彫刻に使うような大きな石が置かれていたわけではないが、地質学的な視点での石の説明も石の見方の一助になる。

イサム・ノグチは、作庭家の重森《しげもり》三玲《みれい》と親しく、京都にある重森三玲邸（現在の重森三玲庭園美術館）に、イサム・ノグチ特製の灯りを贈ったりしている。イサム・ノグチは、

「AKARI」シリーズとして、彫刻のような美しい造形性のペンダントライトやスタンドライトを制作してきたが、それとは別に重森三玲の部屋のサイズに合わせた、特製の灯りを作って贈った。現在も、重森三玲庭園美術館の天井に、その灯りは吊られている。

重森三玲は、庭の石に、四国産の片麻岩《へんまがん》を使ったりしていた。渓谷に出かけ、気に入った石があると、「石を釣る」というが、石（というか岩）に印を付け、業者に運んでもらう。イサム・ノグチは、その関係もあってか（なにしろイサム・ノグチ自身が「石の彫刻家」なので）、しばしば四国に通い、その果てに辿り着いたのが、香川県の石の町・牟礼で、イサム・ノグチはそこにアトリエを構え、1年の半分は牟礼のアトリエで制作することになった。

ともあれ、石の話だ。

牟礼の町（香川県高松市牟礼町）で産するのは花崗岩《かこうがん》で、「庵治石《あじいし》」といわれる。牟礼町と隣接する庵治町で産出するからだ。古くから高級石材として扱われてきた。

岩石の出来方には、火成岩、堆積岩、変成岩の三つがあって、火成岩というのは溶岩が冷えて固まってできたもの、堆積岩というのは名前の通りで、土や砂利が海底などに堆積して、海の水の重さで固まったものだ。そして、変成岩というのは、それらの岩が再び熱せられて、溶けて固まったものだ。

花崗岩というのは、この中の火成岩だ。火成岩にも、またいろいろ種類がある。簡単にいうと、成分と、冷えて固まるのにかかった時間による。成分は、白い石英や長石などの鉱物が多いと白っぽくなり、角閃石《かくせんせき》や輝石《きせき》の鉱物が多いと黒っぽくなる。それらが冷えて固まる時、ゆっくりと時間をかけて冷えると、鉱物がそれぞれ結晶として大きくなり、白や黒の粒が（混じって灰色になるのでなく）白と黒の斑らになる。火山岩は、マグマが地上に現れて急に冷えるので、鉱物が結晶化していないが、長い時間をかけて冷えると、その間に好物は結晶化して、白い粒、黒い粒などがはっきりとする。そういう、冷えるのがゆっくりなのは、地下の深いところでなので、それを「深成岩」という。

花崗岩は、火成岩で深成岩だ。そして深成岩の中で、石英や長石の割合が多いので、白い岩に、黒の斑らが混ざったものになる。庵治石が花崗岩、というのは、そういう説明になる。イサム・ノグチの彫刻で、白黒の斑ら模様の石で作られたものがあったら、それは四国の牟礼近辺で採れた庵治石ということになる。

この石［右下写真］のポツポツした表面は、ノミの跡を残した仕上げで、「ノミ切り」と呼ばれている。もう一つ［左下写真］は、人の手が加えられていない自然のままの石だ。ノミの跡を残すだけで、ずいぶん石の印象も変わる。イサム・ノグチは、花崗岩を好み、庵治石だけでなく、本御影石《ほんみかげいし》や、京都の鞍馬石《くらまいし》といわれる花崗岩、さらに海外の石など、多くの花崗岩を制作に用いた。

また玄武岩という、黒っぽい火山岩（これも火成岩の一種）も、晩年の作品にイサム・ノ

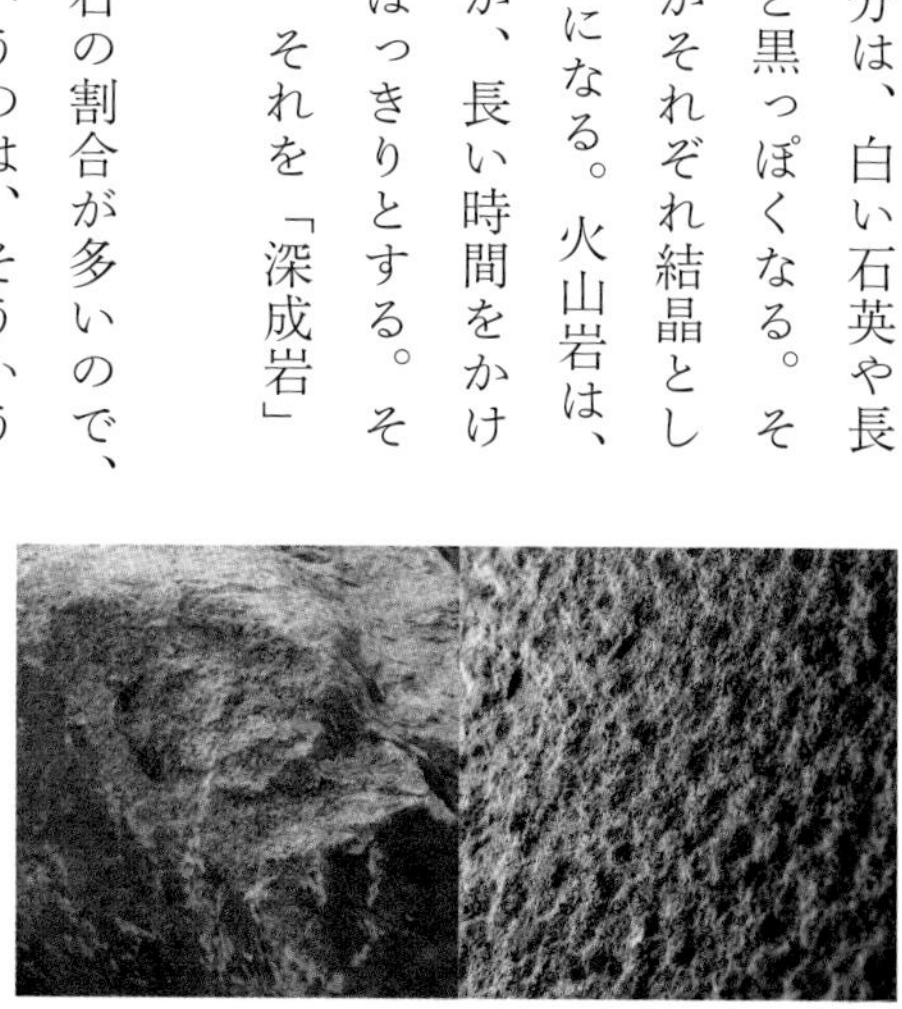

ノミ切りの石と
自然のままの石

グチはよく用いた。東京都美術館のイサム・ノグチ展でのパネル展示の解説には、「鉄さび色のような、天然の岩肌の微妙な色合いと、研磨された面の刃文のような鮮やかな対比は、自然の素材ならではの美しさです」と書かれていた。

ところで、ここまで庭石に対して「石」とか「岩」とか書いてきた。岩石という言葉もある。これらは地質学的には明瞭な定義があるわけではないようだ。なので、特に書き分けをしていないが、サイズ的に大きな庭石が岩で、小さめなものを石と、大雑把に書き分けてはいる。

ともかく、そういう石を素材に、イサム・ノグチは彫刻を造形する。彫刻なので、「形」への探究もある。どういう形にするのか、球にするのか、中に空洞を作るのか、直線的な面にするのかなど、主に抽象的なものであるが、造形の試みがされる。加えて、表面の仕上げをどうするか、ということもある。ノミの跡を残したザラザラした表面にするのか、あるいはツルツルに磨き上げるのか。それが一つの彫刻作品の面で、ザラザラとツルツルの両方があって、そのまったく違った質感のぶつかり合いというか、対比を楽しめたりする。そういう造形によって、石というのは無機物であるが、そこに生命感が宿る。そもそも、石を加工するというのは、石器時代という言葉があるくらいで、人類の歴史では何十万年もの歴史があるものだが、いわば人間の造形的な欲望の、最も原型ともいえる。石を「彫る」「磨く」、そして時に「割る」といった造形の作業の美的な快楽が、イサム・ノグチの作品にはある。

それが重森三玲との違いで、重森三玲は、石そのものには手を加えず、山や川から採取してきたものを、そのまま庭に配置する。重森三玲の場合、その石を、立てるか、寝かすかくらいがされるだけだが、イサム・ノグチは、石をノミやハンマーで加工し、または磨き上げ、「彫刻」として提示する。そしてその石の彫刻を、美術館に展示するだけでなく、庭園に配置したりもする。夢窓疎石をテーマにした造形作品もあり、イサム・ノグチの彫刻は、日本の庭園と深いつながりがある芸術なのだ。

NYにある　京の庭　（イサム・ノグチ財団・庭園美術館　ニューヨーク）

2 李禹煥の庭

人類1万年史とつながる美の世界

2014年、フランスのヴェルサイユ宮殿の庭園に、モノ派の現代アーティスト・李禹煥《リウファン》の作品が展示された。

ヴェルサイユ宮殿というのは、宮殿なので、豪華なシャンデリアや調度品、壁画などで装飾されている。その時の李禹煥の作品は、一点だけが室内に展示され、あとは植木が抽象的な形に刈り込まれ幾何学的に配置されたフランス式庭園があって、この庭園の中に展示されていた。

ヴェルサイユ宮殿の庭は、大きな迷路みたいな構造になっている。植木の間に道があり、そこが交差点のようになっている箇所もある。その、道が十字に交差するスペースにも作品が展示されていた。

金属の板が、十字路の形に置かれ、その上に大きな石が置いてある。石の数は金属に合わせて四つ。その石を点として、点と点をつなげば、四角形になる。四角形の金属と、四角形に並べられた石。ヴェルサイユ宮殿の庭らしい、幾何学模様のインスタレーションである。

李禹煥の作品のいちばんのコンセプトというのは、「関係性」ということだ。この作品でいうと、金属と石というモノの関係性、さらには四角形という抽象的な形態と、石という自然が作った形のぶつかり合い、その関係性がある。

さらに別の作品を見よう。『Relatum-The Shadow of Stars』（以下『星の影』）というタイトルだ［215頁］。広く開けた敷地があって、そこに鉄板を立てて、大きな円形のスペースを区切っている。並んでいる鉄板には隙間があり、白い砂（小石）が敷き詰められた中が見える。そこに大きな石がいくつか置かれている。そんな作品だ。まるで、枯山水庭園のような様相で、パリ郊外のヴェルサイユに、突如現れた東洋の庭園の光景、という趣がある。あるいは、新石器時代の遺跡、ストーンサークルのようにも見える。

白い砂の上に、岩の黒い影が落ちている。しかし空は曇っている。なぜ影が？　と違和感を覚える。さらによく見ると、影の方向が、岩ごとに異なっている。

ヴェルサイユ宮殿の庭園に展示されたインスタレーション
『Relatum-Four sides of messengers』

光源の太陽が二つ、三つあるのか？　そんなはずないので、影と思ったのは、実は黒い砂で、影のように見える錯覚を作り出しているのだ。それによって、それぞれの影の方向や影の長さが異なる、騙し絵のようなトリックの作品になっている。

龍安寺の庭には、現実の空間なのに遠近法の歪んだ空間があったが、ここでは現実の屋外なのに、太陽の光とはちがう光があって、影が見える。この時は曇っていたので、黒い砂が作る影だけだったが、もし晴れていて太陽の強い光が降り注いでいたら、太陽が作る影は全部の岩に全部同じ方向の影が生じるが、それに加えて、黒い砂が作る影と、二つの影ができる。それもまた不思議な光景だ。それが『星の影』という作品だ。

ところで、現代アーティスト李禹煥の作品には、庭園のような立体インスタレーションと、もう一つ「絵画」がある。ヴェルサイユ宮殿の庭園に展示されていたような立体作品（彫刻といってもいい）と、まったく違った手法の、カンバスに絵の具と筆で描く絵画作品の世界があるのだ。その絵画についても取り上げてみたい。絵画と彫刻（立体インスタレーション）という二つの手法を比べてみた時、この芸術家が作り出す世界が、庭園というものの本質、あるいは庭園というものの起源、つまりそれは京都の庭園の起源でもあるのだが、そういうものを浮き彫りにしてくれると思うからだ。

そこで、李禹煥の絵画だ。

李禹煥は、若い頃、つまり初期の絵画は、赤い色のついた四角を描いたりしていた。

枯山水庭園のような『Relatum-The Shadow of Stars』（部分）。影と思ったものは黒い砂だった

また黒から薄いグレーまでの、明度の違いを並べた作品を描いたりもしていた。それぞれ、タイトルは『項1』と『項2』という。

これらの作品には、まだ、李禹煥の独自の絵画スタイルというものは見られないが、しかしその後の李禹煥の絵画の展開を知った後に、改めてこれらの絵画を見ると「あ、あのことのルーツは、既にこういう絵画に萌芽があったのだな、思えたりもする。どういうことか？それは李禹煥の絵画を一通り説明した後に、改めて言及してみることにしたい。

『点より』というのが李禹煥の絵画の、代表的なシリーズだ。もう一つ、『線より』というシリーズもある。どちらの絵画も、描き方は、機械的に感情は込めないで描かれる。書などは、筆が描く線のうねりの中に気持ちを込めたりするが、そうしないで淡々とした作業のように描かれる。

カンバスに筆で点を描く。それが一直線に並ぶように、ひたすら繰り返す。初めは、絵の具もたっぷり筆に付いているので、ムラのない、濃い点になる。しかし並べて、描いているうちに、絵の具の付き方も薄くなり、ほとんど消えかけたような点になっていく。そこでまた、筆に絵の具を付け、たっぷりした絵の具で濃い点を打つ。それがまた

『項1』1973年（豊田市美術館蔵）

『項2』1973年（豊田市美術館蔵）

薄くなり、新たに絵の具を付ける。それを繰り返す。

『線より』も描き方は同じだ。今度は線なので、カンバスに長い垂直の線を引く。上から下に筆を動かし、ただ真っ直ぐの線を引く。上から下に、線は下の方で薄くなって、最後には消えていく。また絵の具をたっぷり付けて、縦にもう一本の線を描く。それを繰り返して何本かの線を描く。櫛のように、たくさんの並んだ線が、画面に描かれる。ただ、それだけの絵だ。

李禹煥は、子どもの頃に書道を習っていた。点を打つ、線を引く、というのは書のいちばん基本的な行為である。それはまた絵画の基本的な行為でもある。李禹煥は、絵を描くという行為を、シンプルにしていって、絵画におけるいろいろなものを削ぎ落とし、点や線というものだけで絵画を描く。人はなぜ、絵を描くのか？　と考えたとき、花を描いたり、人物の顔を描いたりするのだけが絵画ではなく、点を描く、線を描く、というのも絵画であり、それこそが絵画というものの基本的な姿でもある。それがいわば「絵画とは何か？」を問いかけるような、絵画論のような絵画である。それが『点より』『線より』シリーズの絵画だ。

絵画の始まり、絵画を描く絵画の誕生の瞬間というのは、筆が画面に付いた瞬間の点である。その点を、一回だけ動かす。その時に線が生まれる。これこそが、絵画の始まりの始まりで、世界の現代アートの中で、ここまで絵画の基本に立ち返った、絵画の基本中の基本を芸術にした作品は他にない。

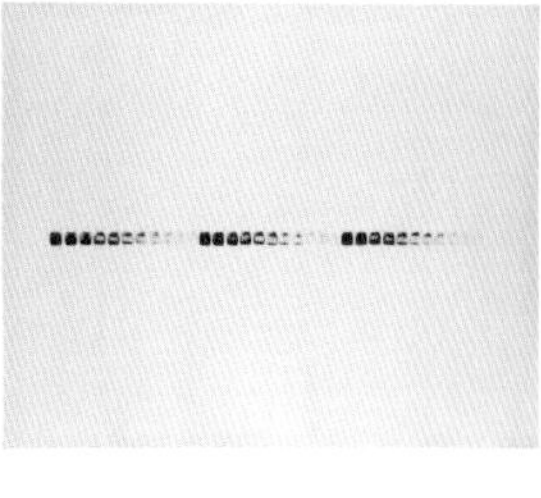

『点より』1980年（豊田市美術館蔵）

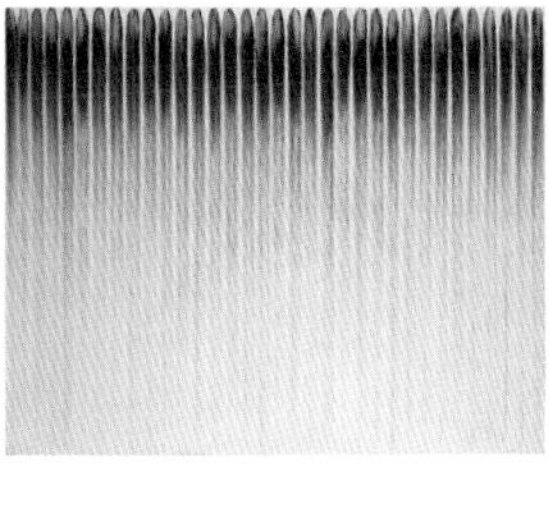

『線より』1977年（豊田市美術館蔵）

サイ・トゥオンブリという、幼児がなぐり描きしたような、まだ具象画が描けない幼児の、線の乱舞のようなものを絵画にする画家がいるが、それとて点や線という基本が確立した次の段階の、描く喜びを作品にしたものだ。李禹煥の『点より』『線より』は、それに比べて、筆が画面に付いた瞬間、絵画の本当の第一歩を描いている。

これは、そういうコンセプチャルな、「絵画とは」ということを問うている作品だが、出来上がったものを見ると、同時にデザイン的にも美しいところがある。白いカンバスに並んだ、青い点や、青い線は、透明で冷たい気持ちの美を画面に定着させている。

李禹煥は、そういう独自の作品を画家としての出発点として（というか転換点として）、絵画の歴史に一つの地歩を刻んだ。

李禹煥の絵画は、その後もさらなる展開をする。

『風より』や『風と共に』という新しいシリーズは、いろんな方向に筆が運ばれ、いろいろな点や線が描かれる。さらには、余白の効果というものにも、より気配りがされる。風はいろいろな方向に吹くし、そもそも余白のように、目に見える実体がない。まさに風を描くとこういう絵になる、というような作品だ。そして点や線という抽象的な絵画に対して、風という（目には見えないが）具象的なモチーフが李禹煥の絵画に描かれることにもなる。

そんな李禹煥の絵画だが、先に書いた立体インスタレーション（＝彫刻）との関係に

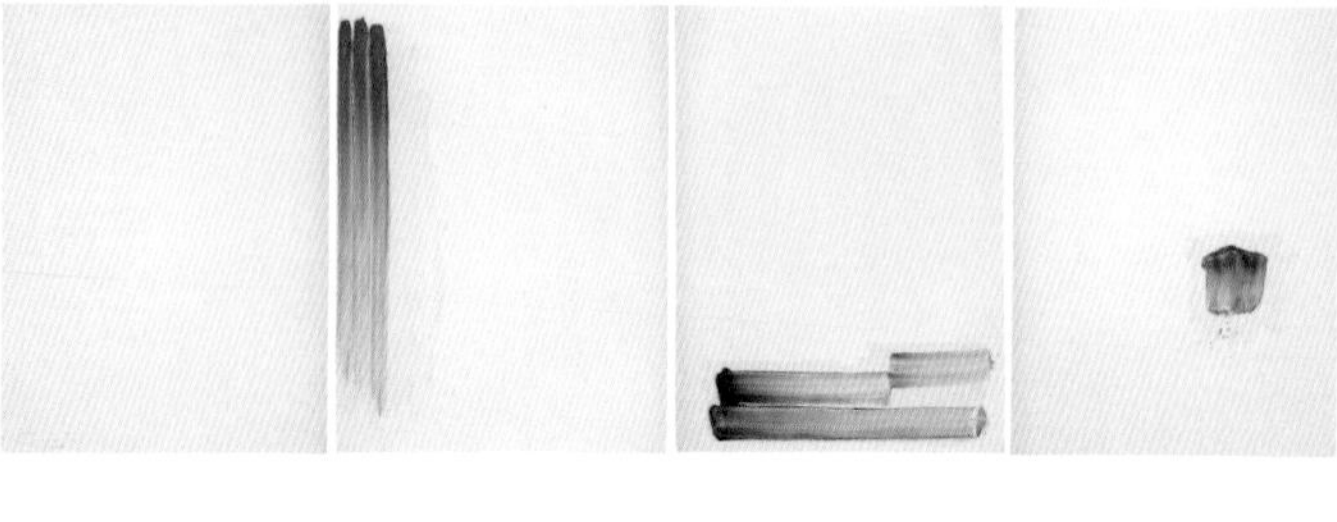

『風と共に』1991年
（豊田市美術館蔵）

ついて、最後に考えてみたい。石を屋外に置いた立体インスタレーションは、庭のような彫刻であり、それは京都の枯山水庭園と似たような光景になっている。「いったい、京都の庭園とは、何なのか？」ということを考えるためにも、そういう李禹煥の芸術の本質を整理してみることは、意味のあることになるだろう。

ともあれ、李禹煥の絵画と彫刻は、それぞれどういうものか、おわかりいただけたと思うが、なぜ李禹煥は、「絵画」と、「立体インスタレーション（＝彫刻）」の二つのことをやっているのか？　それは、同じことの別の表れなのか、あるいは、あえて別の二つのことをやっているのか。それは自分にもわからないが、しかしいろいろな解釈は可能だ。２０２２年の国立新美術館の李禹煥展では、会場の展示構成が大きく二つのコーナーに分かれていて、それが彫刻と絵画だった。それを見て、自分なりに一つ気づいたことがあった。

自分は、先史時代の洞窟壁画などにも興味があって、フランスの洞窟壁画を巡る旅をして、それを本に書いたこともある。そういう人類史の視点から美術を考えてみることにしたい。それを象徴するのが、二つの頭蓋骨だ［下写真］。

右手に持っているのが現代人の頭蓋骨で、左手のがクロマニョン人だ。どちらもレプリカで（本物ではないが）、この二つの骨が、李禹煥の絵画と彫刻の二つの世界を象徴しているのではないか。

どういうことかというと、まずクロマニョン人も現代人も、どちらも学名は「ホ

現代人の頭蓋骨（左側）とクロマニョン人の頭蓋骨（右側）

モ・サピエンス・サピエンス」で、生物学的にみると、どっちも同じだ。ただ何が違うかというと、生物的には同じなのだが、文明史的には分けられていて、旧石器時代と新石器時代の二つに分けられている。クロマニョン人は旧石器時代の人で、5万年前から1万年前くらいまで存在した。それに対して、現代人（つまり新石器時代人とそれ以降）は1万年前から現在までの人をいう。

クロマニョン人の前にいたのは「旧人」と呼ばれ、ネアンデルタール人などが代表で30万年前から5万年前くらいに生きていた。さらにその前に原人、猿人などがいて、それが人類の進化だが、5万年前くらいから現在まで、出土した骨で見ると、脳の大きさはほとんど変わっていない。なので、クロマニョン人以降の人類を「ホモ・サピエンス・サピエンス」と言って同じものと考えるのだが、それも旧石器時代と新石器時代（から現在まで）と、二つに分けられる。新石器時代以降も、金属を使い始めると青銅器時代となり、それから現代のコンピュータの時代まで文明の進歩があるのだが、ここでは旧石器時代と、（狭い意味での）新石器時代の対比だけで考えてみたい。

旧石器時代も、新石器時代も、どちらも「石器時代」と言われるから、石器を使う（＝作る）ことに違いはない。打製石器から磨製石器へと作り方の技術は進歩するが、ともあれ、どちらも石器だ。では旧石器時代と新石器時代では、何で分かれるかというと、旧石器時代は石器だけだったが、新石器時代にはそれに加えて土器も作られるようになる。つまり粘土で形を作って、それを焼いて固くして、土器にするのだ。

ふつう、旧石器時代と新石器時代は、そんなふうに土器の有り無しで分かれるが、ここでは庭園や芸術について書いているので、旧石器時代と新石器時代の芸術の違い、ということから考えてみたい。

このような視点で語れるアーティストは、李禹煥以外にもいるが、話を広げずに、話題を李禹煥だけに絞って書いてみたい。

新石器時代と旧石器時代の造形物には大きな違いがあって、それを建築史家の藤森照信さんが本に書いているのだが（『人類と建築の歴史』ちくまプリマー新書）、建築の起源を歴史的にみると、人類はいつ「建築」を作り始めたのかというと、新石器時代だというのだ。どういうことかというと、旧石器時代の人が関わった空間で残っているのは洞窟の中で、壁画もそこに描かれた。洞窟の入り口は、クロマニョン人以前のネアンデルタール人も生活の場にしていたが（しかし洞窟の闇の空間は、恐ろしかったのか入らなかったらしい）、ともかく大雑把に言うと、「旧石器時代（以前）＝洞窟」だ。それに対して、新石器時代というのは、ストーンサークルとかストーンヘンジとか巨石を組み合わせて遺跡を作り始める（「遺跡」になったはのちのことだが）。それで藤森照信は、旧石器時代に建築はなかった、新石器時代になって建築ができた、と言う。で、藤森照信が言う建築と、建築でないものの違いは何かというと、「外からの視点」だという。つまり、洞窟という空間は、そこで暮らしたり、特別な儀式（や壁画を描いたり）という部屋のようなものではあったが、それと新石器時代の建築で何が違うかというと、新石器時代は「建造物のその外側から、建造物を見ることができる」と言う。つまり建造物の中に入って、内部の空間を体験できるし、その同じものを、外から見ることもできる。そのとき「建築」が誕生した、と藤森照信は言う。それに対して、洞窟というのは、中に入ることはできるが、外側の視点がない。それは建築空間ではない、というのだ。

つまり、内側での視点と、外側からの視点、その二つが成り立ったときに、建築になる。それが誕生したのが、新石器時代（の巨石の遺跡）なのだ。

ここでは新石器時代を構成している要素は、土器ではなく、建築というか、大きな石で作られた遺跡であると考えていただきたい。

そしてそれは、枯山水庭園のような、石を配置されて作られる、京都の庭園とどこか似ていないだろうか。

ここでもう一度、李禹煥のヴェルサイユ宮殿での『星の影』［下写真］を見てみよう。白い砂（小石）に、岩がいくつか置かれ、その岩の影が黒い砂（小石）で描かれた庭の作品だ。あれを見たときに、自分の心に浮かんだのは「ストーンサークルだ！」という言葉だ。そのとき、動画を撮りながら作品の前に立っていたのだが、その動画を再生すると、自分の声で「ストーンサークルだ」と言っている音声が確認もできる。つまり李禹煥の『星の影』は、現代アートが作った新石器時代、なのではないか。

では、そもそも新石器時代のストーンサークルやストーンヘンジとは、どのようなものなのか。李禹煥の『星の影』は、白い砂といくつかの大岩によって造形されてい

『Relatum-The Shadow of Stars』

る。その光景は龍安寺の枯山水庭園などを連想させるところはあるが、これをもっと大きな視野、つまり新石器時代のストーンサークルなどと比べてみるのも大切なのではないか。すべては、この「建築の起源」ともいえる、人類の始まりの記憶のようなものとつながっているのではないか。

ストーンヘンジは、イギリスにある。ロンドンの西200キロほどの場所にソールズベリーという町がある。ソールズベリー大聖堂という、美しいゴシックの大聖堂がある町で、ここからバスに乗って北西に13キロほどの野原の中に、ストーンヘンジはある。観光地なので、バスターミナルに行くと車体に逆光に照らされたストーンヘンジの写真と「STONEHENGE」と文字が書かれたバスが停まっていて、それに乗ればストーンヘンジに行ける。

以前、そこに行った時は雨が降っていて、バスの窓が濡れて、外の景色が見えない。しかしストーンヘンジに近づくと、乗車客たちがざわめき始め、濡れて曇ったガラス窓越しに、巨石が立っているのが見えた。

ストーンヘンジは、円形を描くように岩が配置されていて、構造的には李禹煥の『星の影』と同じ形をしている。李禹煥は、周りの円形を鉄の板を立てて配しているが、形態的にはそっくりだ。

ストーンヘンジは、現在はかなり破損してしまったので、円形に配された岩の残骸になっているが、上から見ると、岩は円形に並んでいる。それがストーンヘンジの周りを一周するとよくわかる。

この円形は、太陽の周りを公転する地球の軌跡のようにも見える。もちろん、惑星の公転などという天文学的な発見は、歴史時代になってからのことで、新石器時代の人に、そんな知識があったはずもない。しかしこの岩の配置は、正面が夏至の日に太陽が地平線から昇る方向に向いていて、そこには宇宙の天体の動きへの知的あるいは宗教的関心によって作られたものであるのがわかる。それは桂離宮の月の運行を見るための庭のことも連想させられる。桂離宮は、太陽ではなく月だが、では京都の庭は（桂離宮の場合だが）、太陽信仰ではなく、月信仰にルーツがあるのか。ともあれ、どちらも天体へ向けられた眼差しが、大地にある遺跡（あるいは庭）によって造形されている。このようにストーンヘンジは天体観測所のようなもの、あるいは宇宙と対話している造形物ということができる。

以上が、旧石器時代の石の建造物であるストーンヘンジについてだ。屋外の石の建造物ということでいうと、

岩が円形に並ぶストーンヘンジ

影響関係は不明だが、宇宙との対話をするような建造物ということでいうと、古代エジプトのピラミッド、古代ギリシアの神殿建築も、その系譜にあるといえよう。

古代ギリシアの神殿は、その多くが、山の上や丘の上などの高台に立っている。アテネのパルテノン神殿は、市内にある丘の上に建てられ、都市の市民はその神殿を見上げて暮らした。アテネの南、エギナ島にあるアファイア神殿も、山頂の端に立っていて、平地からその威容を見上げることができる。その正面は東の日の出の方向を向いている。夏至の日には、建物の東の入り口から、まっすぐに光が建物の中に入ったことだろう。古代ギリシアの神殿は、太陽の方向と明らかに一致するような設計になっている。

ところで洞窟というのは、太陽の光も差し込まない真っ暗闇の空間で、もちろん月の光も差し込まない。言ってみれば、宇宙が遮断された世界なわけだが、それに対してこのような屋外の神殿や石の遺跡というのは、建築の屋根の上に宇宙が広がっている。宇宙との関係を探究した造形物なのだ。

そんな見方をしてみると、李禹煥の作品というものが持っている、一つの側面が見えてくる。新石器時代ともつながるものがあるのだ。

では李禹煥のもう一つの芸術世界である「絵画」は、人類史の視点から見ると、どういう位置付け、どういう系譜の芸術なのか。李禹煥の絵画とは何か？

絵画は、石や砂利と違って、雨風や直射日光の強烈な光には耐えられないから、美術館の建物の中に展示される。だから新石器時代VS.旧石器時代という対比でいえば、旧石器時代の洞窟壁画に似たところがある。どちらも絵画だし、どちらも洞窟や美術館の建物の内部といった閉鎖空間の中にある。とくに先史時代（旧石器時代）の洞窟壁画は、人類の絵画の誕生の場でもあり、「そもそも絵画を描くとはどういうことか」という絵画の起源を考えさせてくれるところがある。李禹煥の『点より』にも似た、手のひらに絵の具をつけてスタンプのようにペタペタ手の形を並べた「ポジティブ・ハンド」と呼ばれる絵画も、フランスのショーヴェ洞窟の壁画などに見ることができる。ショーヴェ洞窟壁画は、3万6千年くらい前に描かれたとされる、人類最古の壁画の一つである。李禹煥の絵画の、現代アートとしての試みは、そのような旧石器時代の絵画とも呼応するものでもあるのだ。またショーヴェ洞窟には、泥のついた壁面に、指で線を引いて動物などの形を描く「マカロニ」と呼ばれる手法の絵もあるが、それなども李禹煥の絵画『線より』に呼応するものだ。現代アートの絵画が、数万年前の旧石器時代の絵画と呼応しているのだ。

李禹煥は、はじめは絵画をカンバスに描いていたが、ある時期から建物の壁にも直接に描くようになった。2022年の国立新美術館での個展でも、絵画の作品がたくさん並んだほぼ最後に、美術館の壁に直接に描いた、大きな筆の一刷毛による絵画が展示されていた。李禹煥自身も、絵画を「壁画」へと回帰させているのだ。それこそが、まさに美術館という閉鎖空間における「現代の洞窟壁画」なのではないか。

こんなふうに見てくると、李禹煥のアートの二つの世界である「絵画」と「彫刻（＝立体インスタレーション）」というのは、石器時代のアートにすら対応するのではないのか。つまり李禹煥の絵画は、旧石器時代の洞窟壁画、つまりクロマニョン人の世界、そして彫刻（＝立体インスタレーション）は、新石器時代のストーンサークルやストーンヘンジ、さらには古代の神殿に対応する。

李禹煥の絵画＝旧石器時代＝クロマニョン人（の頭蓋骨が象徴）

×

李禹煥の彫刻＝新石器時代＝現代人（の頭蓋骨が象徴）

となる。

そういう見方から見てみると、瀬戸内海の直島にある李禹煥美術館の外庭にある、次頁の写真のような作品などは、現代アートであるが、同時に京都の庭ともつながり、さらには新石器時代の石の遺跡とも結びつくものとなる。もちろん、ヴェルサイユ宮殿の『星の影』も同じである。これは人類史の1万年の芸術と結びつく美の世界なのだ。李禹煥の作品は、20世紀・21世紀に限定した狭いアートを体現しているのではなくて、とてつもなく本物のアートなのではないか。

そして、この本の主題である「京都の庭園」だ。その美は、現代アートのイサム・ノグチや李禹煥の作品の一つのルーツであるが、さらに京都の庭園の美のルーツには、新石器時代の石造建造物のＤＮＡが引き継がれているのではないか。京都の庭園の美のルーツには、石器時代にすら遡ることができて、そんな1万年の人類の記憶が結晶となったものなのだ。

1万年の　京の庭

そういうスケールで、そういう視点で、京都を旅して、庭園の美を眺める。京都の庭の美とは、そういうものだ。

京都の庭園は、世界に誇る日本の芸術なのだ。

李禹煥『関係項-点線面』2010年
（李禹煥美術館、写真：山本糾）

本書は、布施英利のオンライン講座「布施アカデミア」での講義をまとめたものです。

クレジット

i 京都の庭園を〝耳〟で味わう

P12〜13、18（右）、22〜23、26、34〜35、38、48……PIXTA

P30……詩仙堂提供

P43……醍醐寺提供

ii モダンの庭

P58-59、68……PIXTA

P69……吉備中央町提供

P72-73、75（左）、78、79……東福寺提供

P86-87、92-93……重森三明

iii 思想の庭

P100-101、103、110-111、122、132-133、136……PIXTA

P126、128……西芳寺提供

iv 月の庭であり、宇宙の庭

P144-145、P148（下）、P151、153、166……PIXTA

P148（上）、152、154、155……宮内庁提供

vi 京都の庭園から現代アートへ

P204『The Isamu Noguchi Foundation and Garden Museum』
©2023 The Isamu Noguchi Foundation and Garden Museum/ARS, New York/JASPAR, Tokyo X0165

p205『The Well (Variation on a Tsukubai)』
©2023 The Isamu Noguchi Foundation and Garden Museum/ARS, New York/JASPAR, Tokyo X0165

P206（右）『Practice Rocks in Placement』
©2023 The Isamu Noguchi Foundation and Garden Museum/ARS, New York/JASPAR, Tokyo X0165……著者撮影

P207（左）『Practice To Darkness』
©2023 The Isamu Noguchi Foundation and Garden Museum/ARS, New York/JASPAR, Tokyo X0165……著者撮影

P209……庵治石開発協同組合提供

P213『Relatum-Four sides of messengers』©Lee Ufan……著者撮影

P215『Relatum-The Shadow of Stars』©Lee Ufan……著者撮影

P216（右）『項１』©Lee Ufan……豊田市美術館提供

P216（左）『項２』©Lee Ufan……豊田市美術館提供

P217（右）『点より』©Lee Ufan……豊田市美術館提供

P217（左）『線より』©Lee Ufan……豊田市美術館提供

P218『風と共に』©Lee Ufan……豊田市美術館提供

P222『Relatum-The Shadow of Stars』©Lee Ufan……著者撮影

P228『関係項——点線面』©Lee Ufan（李禹煥美術館）……山本 糾

記載のないものは著者撮影または提供

布施英利 ふせ・ひでと

美術批評家。1960年群馬県生まれ。東京藝術大学美術学部芸術学科卒業、同大学院美術研究科博士課程（美術解剖学専攻）修了。学術博士。大学院在学中に最初の著書『脳の中の美術館』を出版。これまでに、美術批評、解剖学、文学など、著書は70冊ほど。東京大学医学部助手（養老孟司研究室）を経て、現在は東京藝術大学美術学部教授（美術解剖学）。主な著書に『脳の中の美術館』（筑摩書房）、『自然の中の絵画教室』（紀伊國屋書店）、『人体、5億年の記憶』（光文社、2024年4月刊行予定）、『構図がわかれば絵画がわかる』（光文社）、『現代アートはすごい』（ポプラ社）など。また、オンラインの講座「布施アカデミア」の活動にも取り組んでいる。

美術でよみとく京都の庭園

2024年2月26日　初版第1刷発行

著者
布施英利

発行者
三輪浩之

発行所
株式会社エクスナレッジ
〒106-0032
東京都港区六本木7-2-26
https://www.xknowledge.co.jp

編集
お問い合わせ
電話　03-3403-1381
ファックス　03-3403-1345
info@xknowledge.co.jp

販売
電話　03-3403-1321
ファックス　03-3403-1829